道徳科授業サポートBOOKS

道徳ツールとアクティビティでできる「考え、議論する」道徳ワークショップ

田中博之
梅澤　泉　著
彦田泰輔

明治図書

まえがき

日本の学校で行われている道徳教育は，世界一の成果を上げている。日本が世界に誇れるおもてなしの心や礼儀，マナーのよさ，そしてごみのない街角やあいさつの習慣，犯罪の少なさなど，どれをとっても日本人の優れた美徳である。そうした道徳的な行為は，日本人が子どもの頃から，学校の道徳の時間だけでなく，朝のあいさつ運動や給食の指導，そうじの指導など，あらゆる場面を通した道徳的実践を促す教育の成果であるといえるからだ。

超多忙化する学校の中で，道徳教育の実践研究を通して実りある道徳教育を実施してくださっている先生方に深く感謝したい。

しかし，日本人の美徳も最近ますます低下していると感じることが多くなった。学校内で子どもたちの様子を見るだけでも，友だちへの暴力，障害のある友だちへのからかいや暴言，友だちの心を尊重しないチクチク言葉，勉強だけできればよいといった考えや行動など，残念な状況が増えている。

こうした道徳性に欠ける行為が大人になっても続いていくとすれば，これからの日本は道徳的行為にあふれた，世界に誇れる住みやすく幸せな国であることはできなくなるだろう。

もちろん学校だけに責任があるのではない。家庭で道徳性を育てる教育力の低下は著しく，地域が都会化するにつれて地域の教育力も低下している。

このように道徳教育の推進に逆風が吹いている今こそ，「特別の教科 道徳」を設置して道徳を教科に格上げし，道徳科を平成30年度に小学校から実施することになったことは，大変喜ばしいことである。道徳教育の要が領域ではなく教科になること，つまり全ての小中学校でどの学年においても年間35時間の道徳科の授業を実施することは，道徳教育の授業研究や教材研究の一層の充実を図ることにつながることだろう。すでに小学校道徳科教科書の検定と採択も終わり，いよいよ平成30年４月から利用が始まる。

しかし，ここで大きな課題が横たわっている。

この10年ほどの学習指導要領の改訂の流れを見ると，「習得・活用・探究」という学習過程の３要素のバランスと，「主体的・対話的で深い学び」という課題解決的な学習の充実が求められている。そうした教育改革の時代的要請に照らして考えると，道徳科教育における最大の課題は，「読み物教材を使う習得学習と学級担任の創意工夫による多様な教材を使う活用学習のバランスをとり，どのような主体的・対話的で深い学びを生み出すか」という問いに答える教材開発と授業開発を行うことである。

本書では，その問いに答えるために，「読み物教材を使わない道徳ワークショップ」という道徳科の新しい学習方法を提案することにした。さらにそこでは，道徳ツールと道徳アクティビティ，そして道徳ポートフォリオという道徳科教育にふさわしい学び方を組み入れて，子どもたちが習得した基礎的・基本的な道徳性や道徳的な見方・考え方を活用して，身の回りの問題の解決策を考え，議論する「深い学び」を生み出す授業プランを提供したい。

幸いなことに，本書の共著者になっていただいた，梅澤泉先生と彦田泰輔先生の実験的な取組のおかげで，新しい道徳科の授業プランである「道徳ワークショップ」のあり方を具体化し，多くの実践事例を世に問うことができるようになった。心より感謝したい。また，道徳ツールの一つである「はがき新聞」の活用について多大なるご支援をいただいた，公益財団法人理想教育財団に深く感謝したい。

最後になったが，明治図書出版編集部長の木山麻衣子さんのご厚意で，本書を出版していただけることになった。厚く御礼申し上げたい。

「読み物教材を使わない道徳ワークショップ」のすすめである本書は，道徳教育におけるまさに問題提起の書である。わが国の子どもたちが，身近な道徳的問題を，「道徳ワークショップ」による「考え，議論する」活動を通して解決する資質・能力を身につけてくれることを心より願っている。

平成30年２月

早稲田大学教職大学院教授　田中博之

目　次

第2章

道徳科授業を変える！ツール，アクティビティ，ポートフォリオ

第3章

道徳ツールとアクティビティを活用した小学校の授業プラン

第4章

道徳ツールとアクティビティを活用した中学校の授業プラン

第1章

「主体的・対話的で深い学び」を生み出す道徳ワークショップ

1 「新学習指導要領・道徳」改訂のポイント総整理

道徳ワークショップという新しい学び方を提案する前に，道徳科の改訂の経緯とポイントをおさらいしておこう。そうすることによって，本書で提案する道徳ワークショップという新しい指導方法の法令上の根拠が確かなものになるからである。

1 「特別の教科 道徳」の新設

1958年に告示された学習指導要領において，学校の教育活動全体を通じて行う道徳教育を補充・深化・統合するための時間として，小・中学校の教育課程の一領域としての「道徳の時間」が特設された。それから60年近くたって，「特別の教科」としての道徳科が教育課程の一教科として実施されることになった。その意味で2018年は，日本教育史の中で道徳の時間が教科化され，まず小学校において検定教科書を用いて道徳科として全面実施される記念すべき年となった。

これまでの道徳の時間の授業においては，「読み物の登場人物の心情理解のみに偏った形式的な指導が行われる例があることや，発達の段階などを十分に踏まえず，児童生徒に望ましいと思われる分かりきったことを言わせたり書かせたりする授業になっている例があることなど，多くの課題が指摘されている。」（中央教育審議会「道徳に係る教育課程の改善等について（答申）」2014年10月，p.11）という状況を改善するために，道徳科が生まれたのである。

その改訂の趣旨を，「小学校学習指導要領解説　特別の教科 道徳編」（2017年６月）において，次のように的確に指摘している（p.２）。

この答申を踏まえ，平成27年３月27日に学校教育法施行規則を改正し，「道徳」を「特別の教科である道徳」とするとともに，小学校学習指導要領，中学校学習指導要領及び特別支援学校小学部・中学部学習指導要領の一部改正の告示を公示した。今回の改正は，いじめの問題への対応の充実や発達の段階をより一層踏まえた体系的なものとする観点からの内容の改善，問題解決的な学習を取り入れるなどの指導方法の工夫を図ることなどを示したものである。このことにより，「特定の価値観を押し付けたり，主体性をもたず言われるままに行動するよう指導したりすることは，道徳教育が目指す方向の対極にあるものと言わなければならない」，「多様な価値観の，時に対立がある場合を含めて，誠実にそれらの価値に向き合い，道徳としての問題を考え続ける姿勢こそ道徳教育で養うべき基本的資質である」との答申を踏まえ，発達の段階に応じ，答えが一つではない道徳的な課題を一人一人の児童が自分自身の問題と捉え，向き合う「考える道徳」，「議論する道徳」へと転換を図るものである。

こうして道徳科の目標は，新しい学習指導要領のもとで，「よりよく生きるための基盤となる道徳性を養うため，道徳的諸価値についての理解を基に，自己を見つめ，物事を多面的・多角的に考え，自己の生き方についての考えを深める学習を通して，道徳的な判断力，心情，実践意欲と態度を育てる。」とされた。

また，授業改善のキーワードとして，「考えさせる授業」や，「対話や討論」「考えを深めていくプロセス」「複数の内容項目」「複数の時間」「問題解決的な学習」，さらに，「道徳的習慣や道徳的行為に関する指導」などが新たに重視されるようになったことが大切である（同答申，p.11）。

さらに，「様々な道徳的価値について，自分との関わりも含めて理解し，それに基づいて内省し，多角的に考え，判断する」ことや，「道徳的価値についての自覚を深め，道徳的実践につなげていく」ことを新たに求めている（同答申，p.８）。

そしてこれらの答申の内容は，新学習指導要領における「特別の教科 道徳」の「第３　指導計画の作成と内容の取扱い」の記述にしっかりと受け継がれている。

以上の答申内容や新学習指導要領の記述をもとにして考えるならば，これからの道徳科の授業はまさに新学習指導要領の改訂のキーワードである，「主体的・対話的で深い学び」になるのである。

2 これまでの道徳の時間の問題点

では，これまでの道徳の時間における道徳教育には，どのような問題があったのだろうか。「答申」に書かれている指摘をもう少し超えて，筆者の授業観察の体験を踏まえると，次のように整理することができるだろう。

【これまでの道徳の時間における道徳教育の問題点】

①道徳の時間であるのに，国語科のような読み物教材の基本的な読解に終始していて，道徳性の育成のための指導や学びが十分に行われていない。

②読み物教材が架空の物語であるため，子どもたちにとって生活経験上のリアル感がなく，実感を伴う理解や道徳的実践へつなぐ意識を得にくい。

③１つの読み物教材を１つの内容項目の視点から１時間かけて読んでいくため，友だちとの対話を通して生活経験に根ざして考えを深める時間がない。

④汎用的な価値について原則論的に考えるため，自分との関わり（得意・不得意，好き・嫌い，価値観の違いなど）において考える機会が

ない。

⑤授業の終末がオープンエンドかまたは教師からの説諭に限定されているため，自己の主体的な道徳的実践を生み出そうとする意欲が生まれない。

⑥子どもにとってわかりきった善悪の基準を架空の物語に基づいて考えることになるため，意見や判断が評論家的になり自分事として考えにくい。

⑦道徳的実践へ向けた自己宣言や自己反省の場面を設定しないため，子どもたち一人ひとりが道徳的成長を生み出そうとする自覚と責任を促しにくい。

⑧特別活動や総合的な学習の時間との教科横断的なカリキュラム・マネジメントが不十分であり，生活上の道徳的問題の主体的な解決につながらない。

⑨学習指導要領の内容項目の選択と決定が教師に任されているため，子どもたち一人ひとりの主体的な思考や自律的な問題解決の意欲が高まらない。

⑩心の中のネガティブな側面に注目させることが少ないため，苦しみ悩みながら問題解決をして成長していく人間の真の道徳的実践の姿に気づかせていない。

もちろん以上のような問題は，全ての学校の全ての授業にあてはまるわけではないが，普段道徳教育を担当している学級担任であれば，大なり小なりこのような問題を感じながら指導にあたっているというのが現状であろう。

ここに整理した10個の問題点は，筆者が四半世紀にわたって教育学研究者として常日頃から感じていたことであり，その改善をあきらめかけていたところ，道徳の時間の教科化に伴って，⑨を除いてほぼ同様の指摘が中央教育審議会からなされ，新学習指導要領における「特別の教科 道徳」において記述されるようになったことは，大変喜ばしいことであると感じている。

3　改訂のポイント整理

次に，道徳科の特徴を「内容の取扱い」，つまり指導方法の改善の視点から整理して見ていくことにしよう。

道徳の時間が教科化され，道徳科になったことで，求められる指導法の特徴はどのようなものに変わったのだろうか。

1つ目は，「一つの内容項目を複数の時間で扱う指導」（平成29年版「小学校学習指導要領」「第3章　特別の教科 道徳」第3　指導計画の作成と内容の取扱い）という表現により，1つの内容項目を複数の時間で構成する小単元で取り扱うことが可能となった（中学校でも同様，以下同じ）。これによって，読み物教材を使うかどうかにかかわらず，「一・一・一の原則」（1つの読み物教材を1時間で1つの内容項目の視点から取り扱うこと）から抜け出し，少し多めの時間をかけて子どもたちの主体的な問題解決を促す「考え，議論する道徳教育」がやりやすくなった。

2つ目は，「内容項目間の関連を密にした指導」（同上）という表現により，1時間の授業でも小単元による複数の時間の授業でも，複数の内容項目を関連づけながら子どもたちに考えさせたり，議論させたりすることが可能になった。これは，生活上の道徳的問題を考えさせるときや，それを自分の成長課題や改善目標としてとらえさせるときに必要となる，「複数の内容項目の組み合わせと関連づけによる深い思考」を行わせることができるようになったことを意味する。これは，とても大きな価値ある改訂のポイントである。

そして3つ目は，「自己を見つめ，物事を多面的・多角的に考え，自己の生き方についての考えを深める学習」（平成29年版「小学校学習指導要領」「第3章　特別の教科 道徳」第1　目標）や「自らを振り返って成長を実感したり，これからの課題や目標を見付けたりすることができるよう工夫する」（平成29年版「小学校学習指導要領」「第3章　特別の教科 道徳」第3

指導計画の作成と内容の取扱い）という表現から，人間としての普遍的価値を原則論として形式的に学ぶのではなく，自分との関わりにおいて道徳的価値と道徳的課題をとらえて，筆者が唱える「自己成長のための道徳的目標」を設定することが可能となったのである。

これは，新学習指導要領の基本原則である，「主体的・対話的で深い学び」を生み出す道徳科の実践を行う上で大変大きな改訂ポイントである。

さらに４つ目のポイントは，道徳科で活用する教材に関するもので，「児童の発達の段階や特性，地域の実情等を考慮し，多様な教材の活用に努めること」という記述が記載されたことが特徴的である。これによって，これまで伝統的に慣習として引き継がれてきた，読み物教材の活用が毎時間の必須条件ではなく，道徳科の全体計画の中に選択的に位置づけられる柔軟なものになったのである。

ただし，2016年に検定を受けたほとんどの文部科学省検定済教科用図書（道徳科，小学校）においては，全ての内容項目について読み物教材が用意されているが，上記の記載と2017年に実施された文部科学省による指導主事対象の説明会において，全ての内容項目について読み物教材を活用する必要がないことを言明していることから，各学校においては読み物教材を活用する授業とそれ以外の多様な教材を活用する授業をバランスよく計画的に行うことが大切であることがわかる。

読み物教材は，道徳的判断に関わる基本的な見方・考え方を養う上で効果的な教材であり，かつ，道徳的判断を教師や教材から押しつけることを回避することができるといったメリットがある。その反面で，子どもたちの生活経験や生活実態に根ざさない架空の創作物語であることが多いため，実感を伴った理解を得たり，自分との関わりにおいて主体的な道徳的判断を行い道徳性の視点から自己成長を促したりすることが難しくなるのも事実である。

そこで，子どもたちにとってよりリアル感や切実感を感じられる教材を自作したり，新聞やテレビ放送，図書などから発掘したり，あるいは子どもたちの感想文や生活実態から発見したりすることが大切になる。

また本書で提案するように，自作教材に加えて，道徳ツールや道徳アクティビティ，道徳ポートフォリオなどを活用することで，子どもたちの道徳性の育成を一層推進することもできる。

5つ目のポイントは，新学習指導要領の「第3　指導計画の作成と内容の取扱い」で示された「イ　人間尊重の精神にかなうものであって，悩みや葛藤等の心の揺れ，人間関係の理解等の課題も含め，児童が深く考えることができ，人間としてよりよく生きる喜びや勇気を与えられるものであること。」という表現に見られるように，道徳科で活用する教材には，「悩みや葛藤等の心の揺れ」を含めた，児童が深く考えることができるものであることを求めていることである。

つまり，道徳的な問題の解決のあり方を考えたり，自分との関わりで自己の成長や課題，目標を考えたりすることができるようになるためには，「強い自分」を前提として考えるだけでは不十分である。さらに，「弱い自分」が感じている悩みや不安，心配，正しい心と悪い心との間の葛藤，悪い行いをしたくなる欲求や欲望などをしっかりと見つめさせることから考え始める道徳教育が必要なのではないだろうか。

なぜなら，いつも精神的に強靱で間違いをしてもすぐに反省し，強くて正しい自分になるよう成長し続ける人間などまずいないだろうからである。また，道徳科で学ぶ内容項目を，すぐにいつでも実践できる人間などいないからである。その逆に，内容項目から見た望ましい道徳的実践のあり方を読み物教材で理解したのに，すぐには実践に移せない自分がいつもいるはずである。

したがって，望ましい道徳的価値を実践できない自分の弱さや葛藤を見つめ，その克服をどうすればよいかを友だちとともに対話を通して考えることから出発することなくして，一人ひとりの子どもたちの道徳性の成長はないと言ってよい。

さらに6つ目のポイントは，「物事を多面的・多角的に考え」（平成29年版「小学校学習指導要領」「第3章　特別の教科 道徳」第1　目標）という表現に見られるように，新学習指導要領において社会科をはじめとして多くの教科で記載された「多面的・多角的に考察し，表現する」という資質・能力の育成をねらいとしていることである。

これまでの読み物教材を中心とした道徳の時間の授業では，これとは反対に，「望ましい行為」や「正しい行い」といった１つの視点から考えさせることが多かった。また，複数の視点から考えると言っても，登場人物のそれぞれの視点から考えるといった程度の限られた範囲での思考を求めることが多かった。

しかし，道徳科における多面的・多角的な考え方には，筆者なりのとらえとして次のような多様なものが考えられる。

【道徳科において活用したい多面的・多角的な考え方の例】

①道徳的な問題について感じる心の中の葛藤（天使の心と悪魔の心）
②読み物教材の中の主人公の視点とその他の登場人物の視点
③問題の解決策としての道徳的行為のメリットとデメリット
④道徳的な問題の解決策としての多様な選択肢と判断理由
⑤物事をめぐる多様な判断結果を生み出す多様な価値観
⑥道徳的実践を行うときに一人ひとりに必要になる多様な道徳的価値
⑦道徳的な価値項目に関する多様な定義
⑧複数の内容項目を関連づけて行う道徳的判断

このような多様な価値観や視点，心理状態，定義，選択肢などを子どもたちの対話を通してバランスよく取り出し整理して，可視化することが授業の大原則となる。そのことが，一定の価値の押しつけを回避することにつながるのである。

しかし，それが行き過ぎて，極端な「価値の相対主義」に陥ることによって，全ての価値をただ並列にして出し合うだけの放任的な授業にならないように注意することが大切である。

７つ目のポイントは，「指導のねらいに即して，問題解決的な学習，道徳的行為に関する体験的な学習等を適切に取り入れるなど，指導方法を工夫する」（平成29年版「小学校学習指導要領」「第３章　特別の教科 道徳」第３指導計画の作成と内容の取扱い）と規定されているように，読み物教材に基づいた教師からの発問と指名をするといった伝統的な一斉指導だけではなく，問題解決的な学習や体験的な学習などを取り入れることを推奨したことである。本書で提案する「道徳ワークショップ」も，ここで提起されている指導方法の工夫の一例として取り扱うことが可能であろう。

この他にも，新学習指導要領において記載されている「目標としての実践意欲の育成」「道徳科と特別活動や総合的な学習の時間との関連づけ」「言語活動の充実」などのポイントも大切である。

以上のような７つの改訂ポイントは，まさに「主体的・対話的で深い学び」のあり方と符合するものであり，これからの「考え，議論する道徳科教育」の原則を示しているものである。

2 読み物教材なしでできる！「道徳ワークショップ」の提案

1 ワークショップが意味する新しい教育のあり方

私たちがワークショップという言葉を聞いて連想するものは，日曜日に美術館に子どもたちが集まって自然の中で体験したことを絵や粘土細工にして表現するような体験講座や，ドラマやダンスなどの身体表現技法を学びながら自由な発想で表現する楽しさを味わうレッスンなどがあるだろう。

また，観察したことや体験したことをもとに参加者の気づきを付箋紙で整理する時間や，自分の考えやアイデアをカードに書いてグルーピングして発表する活動もワークショップと呼ばれている。

辞書的な意味で最もワークショップという意味を言いあてている日本語は，「工房」，または「工房の中での創作活動」ではないだろうか。いくつかの辞書によれば，自主的で参加的な「研究集会」や「講習会」，「研修」という意味にも使われることが示されている。

しかし，学校での授業にあてはめるためには，個性豊かな個人が集まって，共同して創造的な思考と表現を即興で行う活動そのものをワークショップと呼びたい。

わが国でワークショップについて体系化した第一人者である中野民夫（2001）によれば，ワークショップとは，「先生や講師から一方的に話を聞くのではなく，参加者が主体的に議論に参加したり，言葉だけでなくからだやこころを使って体験したり，相互に刺激しあい学びあう，グループによる学びと創造の方法」（p.ii）であり，「講義など一方的な知識伝達のスタイルではなく，参加者が自ら参加・体験して共同で何かを学びあったり創り出したりする学びと創造のスタイル」（p.11）であると定義されている。

こうした定義を見てみると，そこに共通する特徴として，「身体性」「主体性」「共同性」「創造性」などの要素があることがわかる。

「身体性」とは，ワークショップが，机に座って先生の講義を聞いたり教科書を読んだりして学ぶのではなく，体全体を大きく動かして表現したり，工作や描画のように手先や体の向きを自由に動かして表現したり，あるいは見る・聞く・触れる・味わうなどの多くの感覚を用いて考えたり感じたりすることを示している。

「主体性」とは，ワークショップを通した学びが教師から与えられるものではなく，思考や表現，創造といった目標をよりよく達成するために必要なプロセスとして，参加者が自ら求めて発案していくものであることを示している。学校教育の中では，全く自由な発想で主体的に子どもたちがワークショップをしたいと言い出すことは少ないが，教師の配慮事項として，ワークショップを行うときには，それを子どもたちに訳もなくやらせるのではなく，「みんなからいろいろな意見を聞いてみたい」「カードを書いたり動かしたりしながら自分の考えを整理してみたい」「少し体を動かしてみてどんな表現にすればいいか考えてみたい」といった提案が子どもから出されることを大切にしたい。

「共同性」とは，ワークショップが一人で行うパフォーマンスではなく，数人の経験や考えの異なる個人が集まって，そうした違いを乗り越えたり，違いを組み合わせたりして，協力し合って新しいものをつくり出すことを意味している。よくワークショップをしているときに，「シェアリング（共有化）」という時間をもつことがあるが，それはワークショップの参加者がそれまでの活動によって感じたことや考えたことを，一旦活動を止めて共有することで，また新たな協力関係や発想の転換と飛躍をもたらそうとすることをねらいとしている。

そして，「創造性」とは，ワークショップが参加者の豊かな発想やアイデアで，それまでにない新しい作品や表現をつくり出していくものであることを示している。それはワークショップが，もともと演劇やアート（美術的表現）の分野において，作家や芸術家本人の個人的創造のための閉ざされた活動ではなく，プロアマ問わず，また子どもたちから高齢者までが同時に集って，相互啓発や教育，そして発想の飛躍のために共同的な制作活動を行うものとして出発したことからもわかる。

以上のことから，ワークショップによる学びは，新学習指導要領が求める多様な資質・能力を育てる「主体的・対話的で深い学び」としてふさわしい学習方式である。したがって，道徳科においてもワークショップを取り入れて，道徳科の目標を達成する「考え，議論する道徳科教育」に取り組むことにしたい。

2 「道徳ワークショップ」とは何か

道徳ワークショップとは，「子どもたちが日常的な生活場面で出会う道徳的な問題事象について，道徳的価値の可視化・操作化・言語化を通して，主体的・協働的に考えるとともに，自己の道徳的実践のあり方を個性的・創造的に自己決定する学習方式」と定義しよう。

具体的には，道徳科の内容項目を判断ツールとして可視化した「真心カー

写真1－1　グループで学級をよくする価値項目を選んで「心の関係図」をつくる

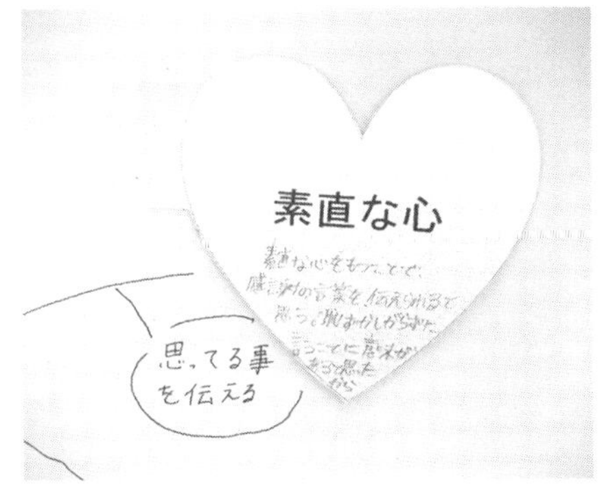

写真1－2　選択した真心カードの中に，理由や根拠を書き込んでいく

ド」という，カラーで彩色したハート型の18枚のカードを使って，「心の関係図」を画用紙の上で創作し，そこで考えたり決意したりしたことを発表し交流することになる（写真は，第4章 彦田泰輔教諭の実践事例1より）。

写真1－3　真心カードを貼り付けてグループで完成させた「心の関係図」

写真1－4　「心の関係図」を提示しながら学級をよくしていく方法を提案する

また，「心の葛藤マップ」という，ある1つの道徳的な問題に対する自分の心の中の天使と悪魔を図式化して，その葛藤を解消するために自分でできる道徳的価値を発見して「真心カード」を貼り付けて可視化するといった活動になっていく（写真は，第3章 梅澤泉教諭の実践事例1より）。

写真1－5　真心カードを選んでハート型に切り抜いている

写真1－6　数枚の真心カードを選んで切り抜いたところ

写真１－７　真心カードを画用紙に貼りながら「心の葛藤マップ」をつくっている

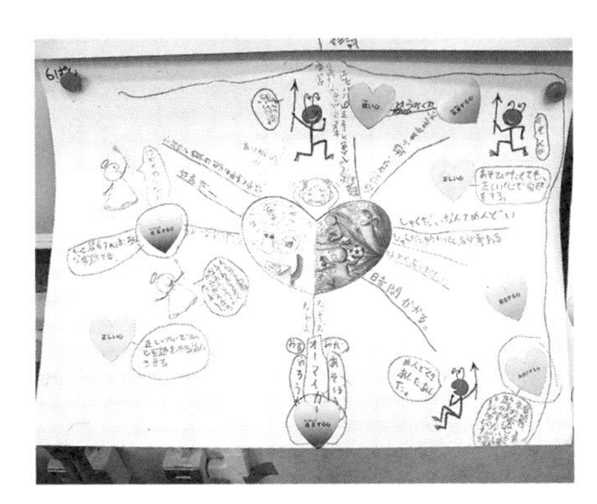

写真１－８　天使と悪魔のイラストも貼り付けて完成した「心の葛藤マップ」

こうした「心の関係図」づくりや「心の葛藤マップ」づくりといった創作表現活動が中心となるが，それに加えて，友だちとの対話を通して道徳的価値の必要性や道徳的実践の必要性について床に座って語り合う「サークルタイム」や，望ましい道徳的実践を１週間行う「道徳週間」の後に自分の道徳的な成長を振り返る「振り返りタイム」，そして，道徳科での学びの意義や成果，そして今後の課題や目標について宣言する表現ツールとしての「道徳はがき新聞」の作成などのアクティビティもある。

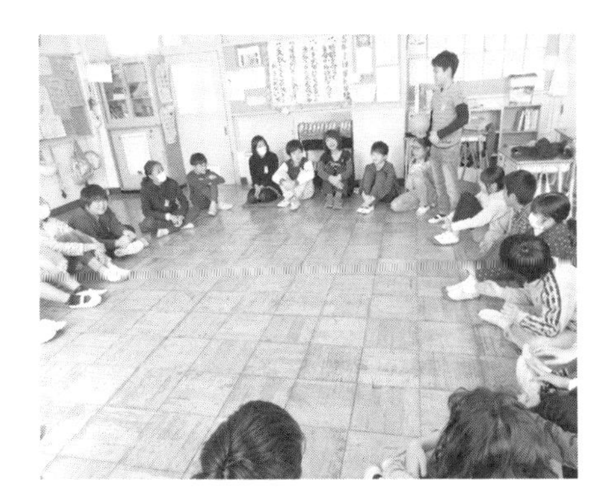

写真１－９　サークルタイムで「性格は変えられるか？」をテーマに対話する

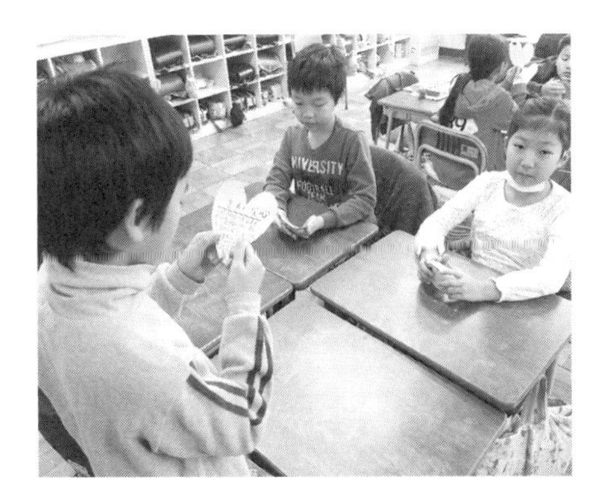

写真１－10　道徳実践週間の後に，真心カードを使って振り返りをする

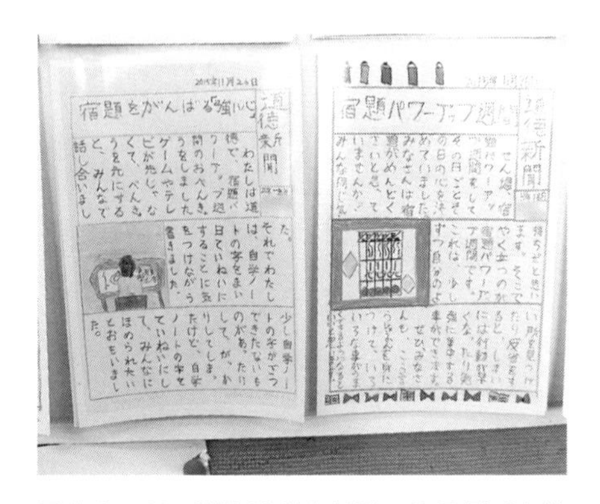

写真１－11　道徳はがき新聞の作品例（小学校，梅澤学級）

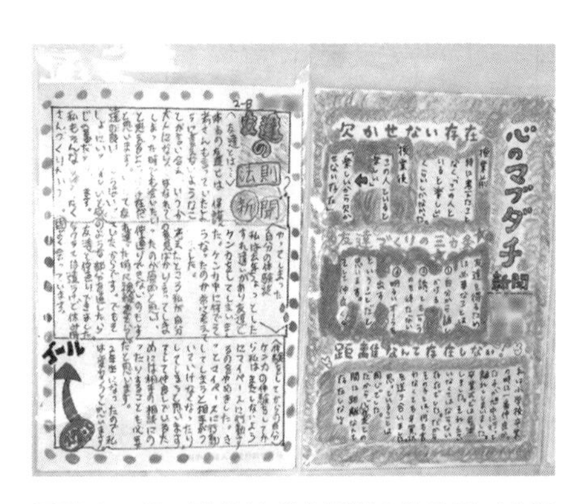

写真１－12　道徳はがき新聞の作品例（中学校，彦田学級）

さらに，必要に応じて，特別活動や総合的な学習の時間の体験内容と関連づけた教科横断的なカリキュラム編成を行ったり，学校や家庭での道徳的実践（例えば，掃除や宿題，あったか言葉週間，学級力向上プロジェクトなど）と関連づけたりすることが多くなる。

「心の関係図」や「心の葛藤マップ」の製作と対話という，本書で提案しているオリジナルなアクティビティを取り入れなくても，他にも道徳ワークショップといえるさまざまなアクティビティのアイデアが考えられる。例えば，四コマ漫画を描いて道徳的な問題の望ましい解決過程を考えて対話したり，道徳的な問題に突き当たって悩みながらも成長していく主人公の物語を創作したり寸劇にして表現したりすることもできる。もちろん，漫画や物語，寸劇の創作の時間は，道徳科ではカウントできないので，宿題にするか国語科や総合的な学習の時間との教科横断的なカリキュラム編成が必要になる（第３章事例３参照）。

本書で紹介する数多くの道徳ワークショップの実践から，こうした新しい道徳科における「主体的・対話的で深い学び」の進め方を学んで欲しい。そして，それと，従来の読み物教材を読解する基礎的・基本的な授業のあり方を組み合わせた，道徳科のカリキュラム編成のあり方を検討したい。

3　読み物教材を使わない，道徳科教材の工夫

道徳ワークショップという学習方式では，読み物教材を使っても使わなくても道徳科のねらいに即した「考え，議論する」学びを生み出すことができる。

例えば，読み物教材を使った場合には，主人公と登場人物の人間関係を道徳的心情の視点から読み取って，画用紙の上にいくつかの真心カードを主体的に選択して貼りながら整理して「心の関係図」をつくって発表するような授業ができる。「心の関係図」の製作過程では，グループで心情の読み取りを深めるためのグループ対話が活発に起きてくる。

また，主人公のその後の行動を予想したり，主人公の行動を多面的に評価したりする場面では，四コマ漫画やショートストーリーを創作して，それを用いて「考え，議論する」場面を設定することができる。そこでは，教材によって与えられた物語を，自分たちの主体的な読みや行間を読む創造性をそこに加えて，グループ対話を通して創作物語として主体的に再構成することになる。

読み物教材を子どもたちが一人で読んで，教師の発問に答えていくといった従来の一斉指導を前提とした道徳の時間と比較して，道徳ワークショップでは，このように，読み物教材を使っても新学習指導要領が求める「主体的・対話的で深い学び」を成立させることが容易になるのである。

その一方で，道徳科の教科書に記載されている読み物教材を使わない道徳ワークショップの実践もできる。すでに述べたように，道徳科の授業においては，学習指導要領で規定された道徳科の目標の実現のために，内容項目の視点に沿って，「考え，議論する道徳科教育」を実践することが必須条件ではあるが，必ずしも教科書の読み物教材を全部授業で読解しなければならないという法令上の根拠は示されていない。

そこで，本書ではあえて「読み物教材を使わない，道徳ワークショップ」

の授業アイデアを提供しようと考えたのである。

すでに述べたように，読み物教材は，道徳的判断力や道徳的心情の基礎を習得するためには有効な教材であるが，身近にある道徳的な問題事象を自分との関わりにおいて自分事としてとらえ，そこから望ましい道徳的実践への実践意欲を育てる実感を伴った学びを生み出すためには効果的ではないと考えるからである。そのために，本書に収めた事例は全て，「読み物教材を使わない，道徳ワークショップ」の実践となっている。

では，道徳ワークショップにおいては，どのような教材がふさわしいだろうか。以下に，いくつかのカテゴリーで分類整理してみたので参考にして欲しい。

【道徳ワークショップにふさわしい教材の例】

①子どもの日記，感想文，作文，新聞など，日常をつづった作品
②新聞記事，雑誌記事，テレビ番組，ネットニュースなどの時事問題
③実話をもとにしたドキュメンタリー作品
④特別活動や総合的な学習の時間での活動記録や子どもの作品，資料
⑤詩，短歌・俳句，歌詞などの作品
⑥小説，伝記，手記，紀行文などの一部，または全部
⑦授業中にノートやワークシートに書いた子どもの考え，意見，提案

このリストを見るだけでも，学級担任の創意工夫によってさまざまな作品や資料が道徳ワークショップの教材になることがわかるだろう。しかしその一方で，「教科書の読み物教材を使う方が楽でよい」といった感想や，「オリジナル教材を作成するのは面倒だ」「資料を教材化するための時間も労力もない」といった意見もあるだろう。そのため，はじめは「読み物教材を使わない」単元は年間指導計画の中で１つか２つ程度に限定し，徐々に教材開発をする授業研究を通して，教材レパートリーを増やすようにして欲しい。

これまでも，道徳教育に熱心な先生たちが，震災の被害と復興を扱った資

料を教材化したり，障害をもって生まれた子どもの母親の手記やドキュメンタリー・ビデオを教材にしたりした実践事例も少なくない。また，先哲や偉人から優れた道徳的実践に学ぶ授業でも，必ずしも多くの人物が『私たちの道徳』や読み物資料集に取り上げられているわけではないため，新聞記事やニュース番組を教材化した授業も多く行われている。こうした優れた先行事例を参考にすれば，「読み物教材を使わない，道徳ワークショップ」の授業づくりも，それほど大きな負担なく実践に移せるだろう。

最後に，この教材リストの７番目に，「授業中にノートやワークシートに書いた子どもの考え，意見，提案」という項目を入れていることに注目して欲しい。これが道徳科の教材になるのか，という疑問を感じる先生方も多いのではないだろうか。

確かにこれまでの道徳の時間で使われてきた読み物教材は，内容項目について理解するためのまとまりのある内容が豊かに含まれているものであった。それが，道徳の時間の教材の必要条件であることは疑いがない。

しかし，道徳科になって，「主体的・対話的で深い学び」としての道徳教育を実践することが必須になったときに，「つくり込まれた架空の設定での物語」を教材にするだけでなく，あるテーマや課題に関する子どもたちの考えや既有体験，価値観，提案意見などを豊かに表現させ，それを教材として，さらに友だちとの対話の中でそこから深い考えを生み出す学びを成立させたいのである。

具体的な活用事例は，第３章と第４章を参考にしていただきたい。

4　どのようなテーマや課題が考えられるか

さらに，道徳ワークショップにおいてふさわしいテーマや課題はどのようなものになるだろうか。道徳ワークショップでは，子どもたちの主体的な課題解決を，クラスやグループでの対話を通して深い学びへとつなげていくことが大切である。そこで，次のようなテーマ例や課題例を参考にして道徳ワークショップの授業をつくることをおすすめしたい。

【道徳ワークショップにふさわしいテーマ例・課題例】

① なぜ型課題
・なぜ，宿題をしたくないのだろう？
・なぜ，悪口をいってしまうのだろう？

② A or B式課題
・人の性格は変えられるか？
・君はどちらの行動を取る？

③ 価値説明課題
・どのような心（価値）が必要だろう？
・どのような心（価値）が足りないのだろう？

④ もし型課題
・もし，Aでなければどうなるだろうか？
・もし，Aをすればどうなるだろうか？

⑤ 多面的理解課題
・他の人はどのように感じているだろう？
・他に可能な行動や考えはないだろうか？

⑥ 自己決定課題
・自分ならどう考え，どう行動するだろうか？
・自分ならどう考え，どう行動すべきだろうか？

⑦ 創作表現課題
・道徳物語をつくって語り合おう！
・道徳はがき新聞を書いて認め合おう！

⑧ 自己評価課題
・道徳力アンケートで成長を振り返ろう！
・道徳はがき新聞で成長を振り返ろう！

3 「主体的・対話的で深い学び」を生み出す道徳科単元

1　道徳科で生かす10個の学習原理

では，道徳科の授業においては，どのような学習原理を想定して，授業づくりを行えばよいだろうか。

これまでに解説してきたことを生かして，次のような10点で整理してみた。

【道徳科における授業の10の学習原理】

①学習時間　一つの価値項目や複数の価値項目を，数時間の小単元構成で扱う

②学習資料　架空の登場人物による読み物教材だけでなく，日常的に子どもが出会う問題を教材とする

③学習活動　資料の読解と挙手による発言だけでなく，ワークショップを取り入れたグループワークを行う

④内容項目　教師が内容項目を知っているだけでなく，子どもに可視化・操作化・言語化させることを通して内面化を図る

⑤価値選択　子どもが，どの価値項目を選択的に活用して道徳的な問題について考えるかを自己決定する

⑥基準設定　子どもがどのような行為をすべきかについて判断をするための価値基準を自分で設定する

⑦内的葛藤　子どもが自分の心の中の葛藤を，ネガティブな側面とポジティブな側面から多面的・多角的に考える

⑧自己決定　子どもがどのような道徳的実践をすればよいのかを自己決定する
⑨自己宣言　日常場面での自らの道徳的実践につながる自己宣言を行う
⑩自己評価　特別活動や総合的な学習の時間における道徳的実践についての価値づけや道徳的目標設定と振り返りなどをする

このような学習原理は，これまでの道徳の時間では慣習的にほとんど行われていなかった画期的な授業指針である。１節で述べたように，道徳の時間が教科化され，道徳科になったことから可能になったものであり，まさにわが国の道徳教育の実践史において画期的な出来事である。

これらの学習原理はまだ抽象的なものであるので，第３章と第４章の実践事例を通して具体的に理解して欲しい。

2　道徳ワークショップを行う単元構成のあり方

では，道徳ワークショップを組み入れた道徳科の単元をどのようにして組み立てればよいだろうか。もちろん，これまで通り１つの読み物教材を１時間かけて読解するような基礎的な授業づくりを否定しているわけでは全くない。逆に，全ての内容項目を「主体的・対話的で深い学び」によって扱うと，35時間という年間授業時数を必ずオーバーしてしまうことは明らかである。そのため，大切なことは，基礎的な一斉指導による従来型の資料読解による授業と，読み物教材を使ってもペアやグループでの対話を取り入れた授業や，２時間構成の小単元をつくって読み物教材を自分との関わりにおいて深く読み取る授業，そして，読み物教材を使わない道徳ワークショップを行う小単元（２時間から３時間構成）による授業をバランスよく組み合わせて，年間指導計画を作成して新しい道徳科教育を実践することなのである。

では，こうした多様な単元構成のあり方を，もう少しわかりやすく示すために，タイプ別の道徳ワークショップを取り入れた小単元構成の特色について解説してみよう。

【道徳ワークショップを取り入れた単元構成のタイプ】

タイプA 1時間構成　読み物教材を使ってミニ・ワークショップをする

タイプB 1時間構成　自作教材を用いてミニ・ワークショップをする

タイプC 2時間構成　読み物教材を使って基礎的な読みと自分と関わらせた深い読みのワークショップを2段階で行う

タイプD 2時間構成　自作教材を用いて主体的・対話的な道徳ワークショップを行う

タイプE 3時間構成　自作教材を用いて主体的・対話的な道徳ワークショップを行う

タイプF 3時間構成　道徳実践週間をはさんで，自作教材を用いて道徳ワークショップを行う

これらはあくまでも基本型であるため，実践にあたっては学校や子どもの実態や道徳教育のめあてに沿って，創意工夫して単元構成の際に活用していただきたい。

また，本書の第３章と第４章で紹介した実践事例は，タイプＢ，タイプＤ，そしてタイプＦに基づいて授業をつくっている。参考にしていただければ幸いである。タイプＥの実践については，参考文献４に詳しいので参照して欲しい。

4 習得・活用・探究を踏まえた道徳科のカリキュラム・マネジメント

では，以上のような新しい授業づくりが可能となった道徳科の年間カリキュラムをどのように編成したらよいだろうか。

まず，その編成原理から考えてみたい。

【道徳科のカリキュラム編成の原理】

①１時間で終結する授業と数時間にわたる小単元を組み合わせて編成する

②読み物教材を使う単元と使わない単元をバランスよく配列する

③道徳科の特性に応じた習得と活用のバランスをとり，両者を関連づける

④内容項目の４領域を踏まえた単元をバランスよく配置する

⑤特別活動や総合的な学習の時間，日常生活との内容的な関連をつける

⑥「主体的・対話的で深い学び」としての道徳ワークショップを配置する

⑦子どもの発達段階や内容理解力の程度に応じて単元を配列する

⑧１つの単元に複数の内容項目を位置づけることを可能にする

⑨１つの内容項目を複数の単元に位置づけることを可能にする

⑩運用にあたっては，計画した単元の前後関係を変えて柔軟に実践するようにする

このような10個のカリキュラム編成原理は，これまでの道徳の時間における編成原理とは，④を除いて大きく異なるものであるといえる。これまでの道徳の時間では，１時間で１つの内容項目について，１つの読み物教材を用

いて授業を行うことが慣例であった。

したがって，都道府県・市町村教育委員会が作成した道徳の時間の年間カリキュラムは，読み物教材と内容項目をセットにして35週分を提供するという形式的な編成原理に基づいていたことが多かった。

しかし，新しい道徳科においては，そのような慣例だけでなく，新しいカリキュラム編成原理を可能にしたのである。そのことによって，上記のような新しいカリキュラム編成原理が可能となり，新しい道徳の授業づくりが拓かれてきた。

言いかえれば，従来のカリキュラム編成原理とは大きく異なるため，各学校においては，ここで示した道徳科の新しい編成原理に基づいて，創意工夫を生かして新しいカリキュラムを生み出していただくことを期待したい。

では，小中学校の道徳科におけるカリキュラム編成モデルを提案しておきたい。

図表１－１　道徳科のカリキュラム編成モデル

編成要素	習得単元	活用単元
指導原理	一斉指導	主体的・対話的で深い学び
授業時数	１時間（２時間も可）	２～３時間にわたる小単元
読み物教材	使用する	使用しない
内容構成	読み物教材の内容	生活経験や実生活の資料
内容項目	１つ	複数を可能とする
時間比率	25時間程度	10時間程度
実施時期	１学期に多くを配置	２学期以降に多くを配置
教科横断	なし	特別活動や総合的な学習の時間
実践週間	取組なし	日常生活での実践と関連づける
学習評価	教師による観察	自己評価，はがき新聞

このモデルは，次のような特徴を備えている。

１つ目は，道徳科のカリキュラム編成の原理の中で，特に，②，③，⑤，⑥に基づいてつくられていることである。道徳科も教科である以上，習得と活用の２つの側面からカリキュラム編成を行うことが必要であり，その中に，読み物教材を使う習得単元と，読み物教材を使わない活用単元を組み合わせて編成していることが特徴になっている。また，新学習指導要領のもとでは，「主体的・対話的で深い学び」としての道徳ワークショップを積極的に位置づけることにしたい。

２つ目は，あくまでもモデルであるので，具体的な内容項目や題材名は位置づけていないことである。そのかわりに，編成の原理の⑤で示したように，特別活動や総合的な学習の時間，そして日常生活における道徳的実践との関連づけを図り，各学校において内容項目の位置づけや題材名の決定に大きな裁量権を与えている。つまり，中央教育審議会答申教育課程企画特別部会「論点整理」が求める，教科横断的なカリキュラム編成を積極的に行いたい。

そして，３つ目は，道徳科の習得と活用にあてる授業時数の比率はあくまで参考値であって，各学校での創意工夫を期待していることである。この比率は，各学校の児童生徒の実態や学校の教育目標の重点によって変わってくるものである。そのことが，まさに「学校の教育課程は各学校が編成する」という，国が示したカリキュラム編成の原則を生かすことになるのである。

最後に，この表には含めていないが，道徳教育の探究的な学習も大切である。教科横断的なカリキュラム編成により，総合的な学習の時間と道徳科の授業を関連づけて，総合的な学習の時間で行う中核となる活動の前後で，道徳的な目標設定を行ったり，その体験活動の道徳的な意義を価値項目から考えたり，体験活動の結果どのような道徳的な成長が生み出されたかを振り返る授業ができるだろう。

【引用・参考文献】
1　中野民夫著『ワークショップ―新しい学びと創造の場』岩波書店，2001年
2　田中博之著『学級力が育つワークショップ学習のすすめ』金子書房，2010年
3　田中博之著『改訂版　カリキュラム編成論―子どもの総合学力を育てる学校づくり』放送大学教育振興会，2017年
4　木野正一郎著『新発想！道徳のアクティブ・ラーニング型授業はこれだ―問題解決ワークショップで道徳性を深化する』みくに出版，2016年

第2章

道徳科授業を変える！ツール，アクティビティ，ポートフォリオ

内容項目の可視化・操作化・言語化で授業が変わる

では，さらに具体的に，本書で提案する「道徳ワークショップ」の特徴を解説していくことにしよう。

道徳ワークショップは，子どもたちの道徳的な自己決定を促すために，子どもたちが道徳的価値を意識しながら，多様な思考・判断・表現をする活動を主体的・協働的・創造的に行うことを特徴としている。

このような特徴を生かすためには，アクティブ・ラーニングの視点を生かした活動構成が必要になってくる。したがって，道徳ワークショップには，多様な道徳ツールと道徳アクティビティ，そして道徳ポートフォリオを使うことが最も重要な授業づくりの要素となる。

そこでこの章では，道徳科で実践する道徳ワークショップで効果を上げる道徳ツールと道徳アクティビティ，そして道徳ポートフォリオを紹介したい。

その前に１点だけ，道徳ワークショップに固有で必須の指導原理を解説しておきたい。

それは，「内容項目の可視化・操作化・言語化」という原理である。

第１章で道徳ワークショップを取り入れた道徳科の授業の特徴を10個挙げておいた。その中に，「④内容項目　教師が内容項目を知っているだけでなく，子どもに可視化・操作化・言語化させることを通して内面化を図る」という特徴を挙げておいた（p.29）。

この指導原理は，道徳ワークショップによって道徳教育の歴史の中で初めて可能になったものであり，これからの道徳科の授業づくりにおいて最も大切なものである。なぜなら，道徳科における「主体的・対話的で深い学び」は，単に子どもが取り組む活動をいきいきと楽しく行わせることで実現されるものではなく，あくまでも道徳科の教育内容として固有な内容項目を，子どもたちが自覚し意識化し，目的的に道徳的な思考・判断・表現に生かすことが必須条件であると考えるのである。

新学習指導要領においては，そこで定められた内容項目を各学年で全て取り扱うことを求めているため，特に自作教材においてはどの内容項目を扱うのかをまず学級担任が明確にして，各単元を年間計画に位置づけなければならない。

本書では，さらに読み物教材を使わない授業における内容項目の取扱いについて，この「内容項目の可視化・操作化・言語化」という指導原理を提案している。

つまり，自作教材についてどのような内容項目の視点から考えさせるかを決定するのは学級担任の役割であるが，その一方で，「主体的・対話的で深い学び」を生み出す道徳科の授業をつくるとなると，子ども自身が自作教材に触れて，そこに自分との関わりでどのような内容項目をあてはめ，考え，議論するかを自己決定する場面を保障することが必要になってくると考えたのである。

そこで，「内容項目の可視化・操作化・言語化」のための判断ツールとして，「真心カード」という，新学習指導要領で示された内容項目を，わかりやすくなるように子どもたちに平易な言葉でハート型のカードにして提供するというアイデアを生み出したのである。

ハート型のカードに，「やさしい心」「思いやりの心」「やりぬく心」といった言葉を平易にした内容項目を書いているので（可視化），一つひとつをはさみで切り抜きながら必要なものを選択して画用紙の上にレイアウトして貼り付けたり（操作化），貼り付けたカードの内容項目を組み入れて発表したりすることができるようになっている（言語化）。

これから紹介するいくつかの道徳ツールや道徳アクティビティ，そして道徳ポートフォリオでは，どれでも子どもたちが道徳的に思考したり，判断したり，表現したりするときに，どの内容項目を活用したかを書き入れたり発表したりするようになっている。

そうすることで，道徳ワークショップが特別活動に類似した活動にならずに，道徳的判断を行いながら，道徳的心情を育み道徳的実践への実践意欲を高める，道徳科固有の学習活動になるのである。その意味で，「内容項目の可視化・操作化・言語化」という指導原理は，道徳ワークショップの必須の条件なのである。

以下に，道徳科における「主体的・対話的で深い学び」の活動例と，「内容項目の可視化・操作化・言語化」の活動例をそれぞれ例示しておいたので参考にしてほしい。

【道徳科における「主体的・対話的で深い学び」】

（主体的な学び）・多面的・多角的に考えるために価値項目を選択して考える。
・多様な立場，視点，役割から考えて表現する。
・自分ならこうする，こう考えると自己決定し表現する。

（対話的な学び）・クラスやグループで一人ひとりの考えや意見を交流する。
・一人ひとりの考えや意見を認め合い尊重する。
・友だちの意見や考えを参考にして自分の考えや意見を変える。

（深い学び）・対話を通して自分の考えや意見を練り上げる。
・道徳的実践や行為の原因や背景にある価値観などを探る。
・ポジティブな面とネガティブな面の両面から考える。

【道徳科における「内容項目の可視化・操作化・言語化」】

（可視化）内容項目をわかりやすい形で表現したり掲示したりする。
（操作化）内容項目のカードなどを動かしたり貼り付けたりして考察する。
（言語化）内容項目に関わる自分の考えを具体的に書いたり話したりする。

2 「道徳ツール」で可視化する

それではまず，道徳ワークショップで使うと効果的な道徳ツールを紹介しよう。

1 真心カード

1つ目に，「真心カード」を紹介したい。これは，ハート型のカードに道徳科の内容項目を易しい表現に直して書き入れたもので，Ａ４用紙に６個ずつ合計18個印刷されたハートの絵をはさみで切り抜いて必要なカードを選択し，画用紙の上に貼り付けながら自分の心の中や行動の特徴を多面的・多角的に描き出すために使うようになっている（資料２－１参照）。

本書に対応したダウンロード・サイトで，この章の末尾（p.64）に記載したパスワードを入れることで，真心カードのワードファイルを入手できるので活用して欲しい。

必要に応じて，この真心カードを大きめに拡大印刷して裏にカットしたマグネットシートを付けて黒板に貼り付けることで，内容項目の可視化・操作化・言語化がやりやすくなる。また，板書用に何度も使えるように真心カードをラミネート加工することもおすすめしたい。

ワードファイルで提供されているため，真心カードの数を増やしたり，カードの中心に書いている「心」を修正したりすることが簡単にできる。小学校低学年や中学年ではやや難しい漢字も入っているため，印刷する前により易しい表現に直して使っていただければ幸いである。

また，できるだけカラー印刷していただければ，いろいろな色を使った楽しいマップや図が完成するので，子どもたちも楽しみながらこの真心カードを使って，道徳的判断をしたり道徳的実践の具体的なイメージをつくったりするようになるだろう。

資料2－1　18個の真心カード

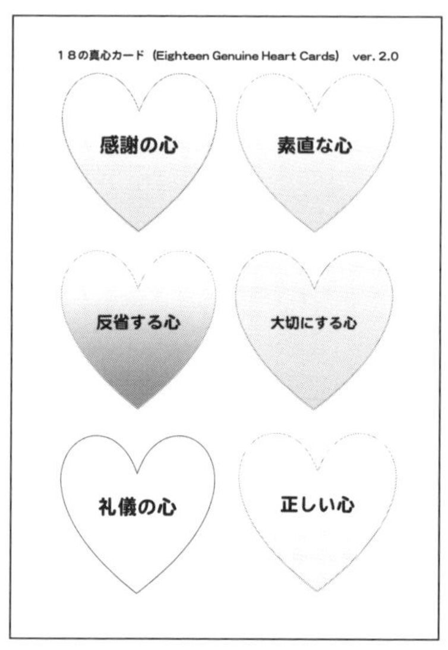

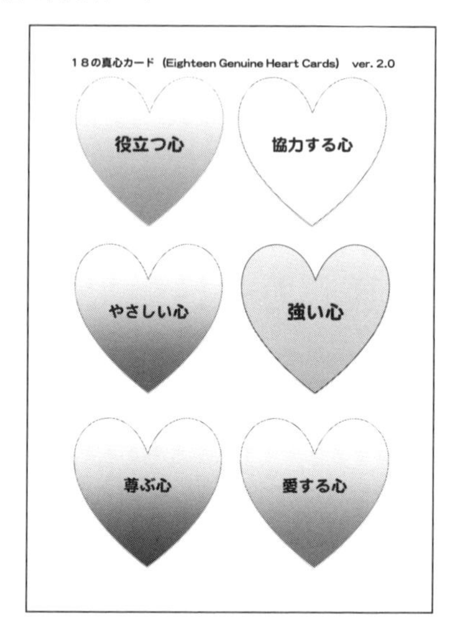

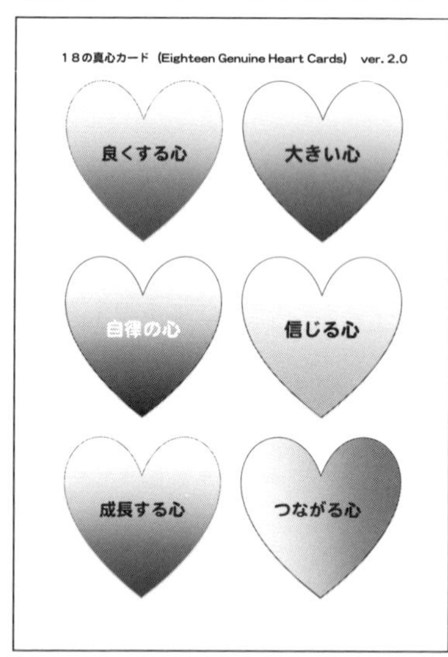

さらに，小学校低学年ではあらかじめ教師の方で真心カードを切り抜いて，その中から必要なものを限定して子どもたちに渡す方がよいが，中学校になると全部のカードを一度に渡してはさみで切り抜きながら気軽な対話を楽しんだり，必要なカード（内容項目）を選択したりするためのゆったりとした時間を取るようにするとよいだろう。小学校中学年や高学年では，教師の方で真心カードから10枚程度を選択して渡す方がよい。18枚全部を渡してしまうと，やや多過ぎて子どもたちもしっかりとした道徳的判断を行えなくなる心配があるので注意が必要である。

表２－１に，真心カードと道徳科の内容項目との対応関係を示した表を挙げておいたので参考にして欲しい。真心カードに書き入れたやわらかい表現は，あくまでも子どもたちに内容項目を可視化・操作化・言語化するために工夫したものであるため，各学校や各学級担任において必要な場合は，表現を修正して活用していただくことをお願いしたい。

なお，この表は，平成29年版「小学校学習指導要領」の「特別の教科　道徳」で示された内容項目を用いて作成しているが，中学校の内容項目にもあてはまることを確認している。

また，「心」という表現は，子どもたちが内容項目を具体的に意識化するときに必要な言葉は何であるかを十分検討して決定したものである。子どもたちが主体的な道徳的判断をするときや，心の中の内的な価値基準を自分で自覚するときに，内容項目（価値項目）を「心」という言葉にして使う方が効果的であろうと考えたわけである。事実，新学習指導要領における道徳科の内容項目の具体例には，「明るい心」「探究しようとする心」「温かい心」「思いやりの心」「謙虚な心」「広い心」「愛する心」「感動する心」「すがすがしい心」「優しい心」といった言葉が使われていることからも，アクティブ・ラーニングの視点を生かした道徳科の授業改善のためには，子どもたちに内容項目をわかりやすくした「心」という言葉を用いることに合理性があることがわかる。

表２－１　道徳科の内容項目と真心カードの「心」の対応表（小学校）

領域	道徳科の内容項目	真心カードの「心」
A　主として自分自身に関すること	[善悪の判断，自律，自由と責任]	正しい心，自律の心
	[正直，誠実]	素直な心，強い心
	[節度，節制]	反省する心，大切にする心，良くする心
	[個性の伸長]	反省する心，良くする心，成長する心
	[希望と勇気，努力と強い意志]	強い心，成長する心
	[真理の探究]	大切にする心
B　主として人との関わりに関すること	[親切，思いやり]	役立つ心，やさしい心，尊ぶ心
	[感謝]	感謝の心，協力する心，尊ぶ心，つながる心
	[礼儀]	礼儀の心，大切にする心
	[友情，信頼]	大切にする心，協力する心，信じる心
	[相互理解，寛容]	大切にする心，やさしい心，大きい心
C　主として集団や社会との関わりに関すること	[規則の尊重]	大切にする心，強い心
	[公正，公平，社会正義]	正しい心，強い心
	[勤労，公共の精神]	役立つ心，大切にする心
	[家族愛，家庭生活の充実]	役立つ心，協力する心，愛する心
	[よりよい学校生活，集団生活の充実]	役立つ心，協力する心，良くする心
	[伝統と文化の尊重，国や郷土を愛する態度]	大切にする心，尊ぶ心，愛する心
	[国際理解，国際親善]	大切にする心，つながる心
D　主として生命や自然，崇高なものとの関わりに関すること	[生命の尊さ]	大切にする心，尊ぶ心
	[自然愛護]	大切にする心，やさしい心
	[感動，畏敬の念]	大切にする心，尊ぶ心
	[よりよく生きる喜び]	強い心，良くする心，成長する心

また，道徳科の内容項目は，見かけ上，項目毎に異なる用語が使われているが，実際には「反省する心」「成長する心」「尊ぶ心」「協力する心」「大切にする心」「愛する心」など，多くの内容項目に共通する基本的な価値項目で関連づけられているため，道徳性を発揮する対象毎に異なる項目を教える

だけでなく，道徳ワークショップでは真心カードの活用によって子どもたちにそうした内容項目間の関連性に気づかせる工夫をすることが大切であると考えたのである。

それこそが，新学習指導要領で求める，「内容項目間の関連を密にした指導」ということなのである。この点は，従来通りの読み物教材を１時間に１つずつ１つの内容項目に沿って読解していくといった指導のあり方では，決して解決できないものである。

そう考えれば，新学習指導要領が求める道徳科の教育は，内容項目に沿って行うとしても，より根源的には子どもたちがこの18個の心を活用した「主体的・対話的で深い学び」として行われるべきなのではないだろうか。

また，後で知ったことであるが，大変興味深いことに，「礼儀」の内容項目の中に，まさに「真心（まごころ）」という表現が使われていることは，「真心カード」が可視化する18個の心が，新学習指導要領の道徳科における基本的で根源的な価値項目に近いことを示しているといえるだろう。

筆者は，本書の第３章と第４章の実践の様子を全てその場で観察していて，この「〜〜な心」という言葉は，子どもたちが自ら道徳的な思考・判断・表現をするときに使いやすくなじみやすい言葉であることを実感した。ご活用をおすすめしたい。

ただし，授業づくりにおいて大切なことは，どの授業も取り扱う内容項目をいつも相対化して，複数の内容項目（真心カードの心）を子どもたちに選択させながら自由に考えさせるというわけではないことである。本書の第３章と第４章で示すように，学級担任は，その時間あるいはその単元で扱う教材でどの内容項目を扱うかをしっかりと１つまたは２つ程度に決定して授業を組み立てることが必要である。

しかしながら，子どもたちは学級担任が想定した内容項目に加えて，自分自身にとって必要な価値項目や自分が大切だと思う価値項目を選んで考察したり，意思決定したり，自己宣言したりすることが大切なのである。そのことが，道徳科における「主体的・対話的で深い学び」につながるからである。

2　天使と悪魔カード

「天使と悪魔カード」は，子どもたちの心の中の良心や正しい心といったポジティブな心と，怠け心，いたずら心，いじわる心といったネガティブな心を，天使と悪魔というキャラクターによって可視化するための道徳ツールであり，道徳的実践を行おうとするときの自分の心の中の葛藤と成長を意識化させることをねらいとしている。

図２－１　天使のキャラクター

図２－２　悪魔のキャラクター

この２つのキャラクターをカラー印刷して子どもたちに渡して，「心の葛藤マップ」や「心の関係図」に貼り付けるワークショップをするのである。そうすると，子どもたちの道徳的実践に向けた心の葛藤とそれを乗り越えようとする道徳心が芽生えやすくなる。

また，ふだんなかなか道徳的実践を行いにくい子どもたちにとっては，悪魔のキャラクターを操作しながら自分の心の中にあるネガティブな心を見つめて絵に描いたり発表したりすることで，自分に足りない面やまだ成長していない面があることを先生や友だちに明るく受け入れてもらえることで，反省する心をもとうとする素直な心が生まれやすくなるのである。

逆に通常の読み物教材を使った授業では，正しい心の面ばかりが強調されて，実感の伴わない学びや道徳的な自己成長につながらない活動になりがちであるが，この２つのキャラクターを使ってネガティブな心とポジティブな心を戦わせながら，最後には成長した姿として少しでもポジティブな心をもちたいという子どもたちの願いが形づくられていくのである。

そこで，使い方としては，「心の葛藤マップ」に貼り付けるだけでなく，割り箸に付けて天使と悪魔のペープサート劇をさせてもよい。もちろん，大きめに印刷して黒板に貼りながら一斉授業場面においてクラス全員で心の葛藤から成長につながる話し合いを行うこともできる。このカードのファイルもダウンロードできるので，活用して欲しい。

写真２－１　ペープサート劇をしている

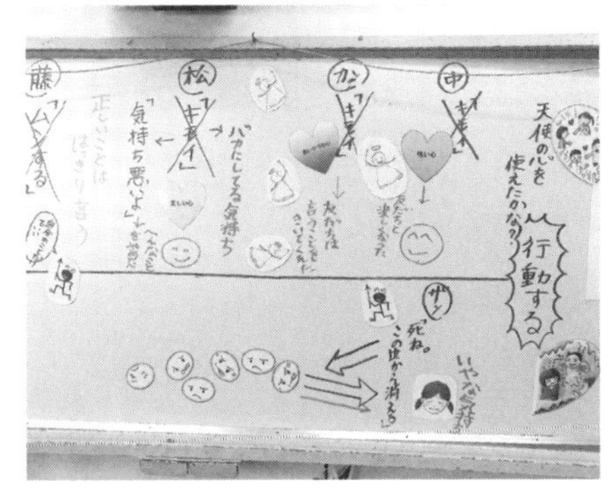

写真２－２　カードを板書の中に貼っている

写真２－３　カードをラミネート化して貼っている

3　天使と悪魔パペット

「天使と悪魔パペット」は，天使と悪魔カードを大きくして子どもたちがパペット劇を通して，道徳的心情の分析や道徳的実践の具体化を図ることができるようにしたものである。インターネットからダウンロードできるものではないため，残念ながら本書の付録資料にはなっていない。

今回梅澤泉先生の授業で使ったものは，ぺペット製作会社に依頼してつくってもらった特注品であるが，裁縫が得意な先生や保護者にお願いしてもよいだろう。

パペットは製作に手間がかかるため，全てのグループに同時に使わせることはできないので，ペープサートとの組み合わせで利用するというアイデアもある。

写真２－４　パペット劇をしている

パペットは，お話をすることが苦手な子どもたちにとっても，「人形が話してくれるから」という安心感で，お話づくりをしながら発表できるようになる不思議な表現ツールである。フィンランドでは，パペットを使った物語創作の授業が盛んに行われていて，話す力や創作する力の育成に大きな成果を上げている。詳しくは，参考文献１を参照して欲しい。

4　心の葛藤マップ

「心の葛藤マップ」とは，四つ切りの画用紙の中心にあるハートの中に子どもたちの心の中のポジティブな面とネガティブな面を対比的にイラストで描き，その回りに「真心カード」や「天使と悪魔カード」などを貼り付けて，望ましい道徳的実践がどのような心の成長によって可能になるかに関する物語を子どもたちがグループで対話をしながら映像的につくり上げていくものである。

これは，道徳ワークショップでのハイライトになるマップづくりのアクティビティを生み出すもとになる。

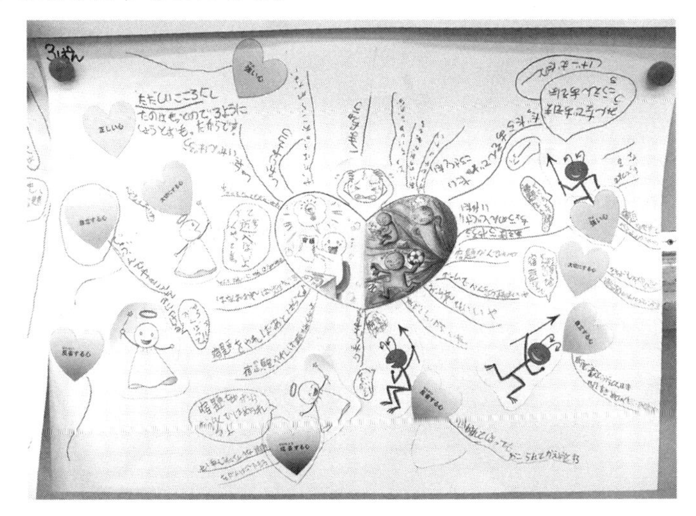

写真２－５　心の葛藤マップ

本書の付録資料として提供しているマップには，参考事例として第３章の実践事例にある「宿題」や「悪口」を題材としたイラストを描いているが，実際の授業づくりにおいては，やや手間と時間がかかるがそれぞれの題材を生かしたイラストを描いて活用して欲しい。

マップの上には，天使と悪魔がしゃべっている言葉を吹き出しで書いたり，真心カードが示す心の言葉を子どもたちが対話しながら具体的に書き込んだりするとより臨場感が増してよいだろう。

また，ハートの上にいる「悩める子ども」の台詞を書き入れたり，参考のために付録資料として提供している，「元気な子どもたちの顔」や「悩んだり困ったりしている顔」のイラストもマップの中に貼り付けると，道徳的事象や道徳的問題をより多面的・多角的に深く考えることにつながるだろう。

完成したマップは，グループ毎に発表して，どのような心を発揮すれば望ましい道徳的実践ができるようになるかを子どもたち同士で共有し意識化していく。

写真２－６　心の葛藤マップをつくって発表している

5　心の関係図

「心の関係図」は，道徳ワークショップで活用するもう一つの中心的なツールであり，四つ切りの画用紙の上に，子どもたちがグループで協力して真心カードを貼り付けながらウェビングをすることで，あるテーマに関する道徳的実践の構造を描くものである。

中心の円の中に書くテーマは，学級担任のねらいのもとに決定してよい。例えば，「協力とは何だろうか？」「学級力を高めるには？」「友情って何だろう？」といったものが考えられる。読み物教材を使わない道徳ワークショップの授業では，できる限り子どもたちの日常経験から具体的に考えられるテーマを選ぶようにしたい。

その際に，学級担任としては道徳科の内容項目に沿って適切なテーマを選ぶことが大切である。一方，子どもたちにはその道徳的課題の解決に必要な「道徳性」を，「真心カード」からいくつか選択してその組み合わせによって描き出すようにアドバイスしたい。

彦田泰輔先生の学級では，興味深いことに子どもたちのアイデアで，真心カードの中に具体的なコメントを書き入れたり，カードの裏面に「この心が発揮できないと生じるトラブル」を書き込んだりして，真心カードをめくりながら多面的・多角的な考察や提案ができるようにしているので参考にしたい。

こうした子どもたちに創意工夫が生まれてくることも，ここで紹介している道徳ツールが柔軟なものとしてつくられている効果である。

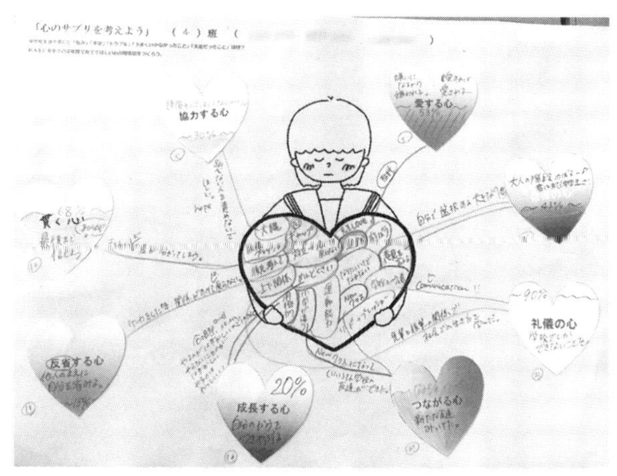

写真２－７　心の関係図

6 はがき新聞

はがき新聞は，公益財団法人理想教育財団が提供するはがきサイズの新聞であり，見出しと３段組構成の枠に沿ってイラストや図表を組み入れて100字から200字程度でコンパクトに自分の考えを伝えることができる簡易な表現ツールである。文字数が少ないことや色づけやイラストが創意工夫できるので，子どもたちが楽しんで進んで書くことができるようになる魅力的なツールである（注参照）。

逆に文字数が少ないからこそ，言いたいことを厳選して３つのポイントに整理しながら，またイラストや図表を組み合わせて効果的に表現することが求められるため，楽しさの裏に高度な思考力や表現力を育てることができる効果も併せもっている。

これまでの道徳の時間では，読み物教材をどう読み取ったかを書かせる場面はあったが，望ましい道徳的実践を行うために必要な道徳的価値を自分はどうとらえ自分にとってどの価値項目が必要かを考えて書かせることはなかった。つまり，これまでは客観的な読解の結果を書くことはあっても，道徳科の学習指導要領が求める「道徳的実践意欲と態度」を高めるために，自分がどう考えるべきか，またどう実践すべきかを内容項目に沿ってしっかりと書くことはあまりなかったのである。

言いかえれば，道徳科の目標で述べられている，「道徳的諸価値についての理解を基に，自己を見つめ，物事を多面的・多角的に考え，自己の生き方についての考えを深める学習」は，道徳的課題と自分との関わりを多面的に考えて書くことによってしか深められないといえるだろう。

そのためには，はがき新聞は道徳科の表現ツールとして最も効果的であるといえる。

ただし，少ない道徳科の授業時数を使ってはがき新聞を書くことはできない。そこで，年度当初に国語科や特別活動の時間ではがき新聞の書き方を教えて，一作品だけをしっかりと書かせたら，あとは宿題にしたり休み時間や掃除の後の時間を効率的に使ったりして書くことができるようになる。子どもたちは，はがき新聞を宿題にしたり，締め切りだけ設定してあとは子どもたちの主体性に任せたりしているだけでも，決して不満は言わず楽しんで書くようになるので不思議なほどである。

それほどに，はがき新聞は子どもの表現欲求を満足させる優れた表現ツールなのである。その効果を一層上げるためには，書きっぱなしにすることなく，教室内の掲示コーナーに貼り出したり，短時間でもグループ内で読み合って「はがき新聞交流会」をもつようにしたりするとよいだろう。

7 道徳力アンケート

道徳力アンケートとは，「真心カード」にある18個の価値項目から最も重要である10個を選び，その内容を質問項目として作成した児童生徒用アンケートである。現在，小学校中学年版，小学校高学年版，そして中学校版という３種類が作成されている。それぞれのアンケート項目数は，20個，20個，30個であり，付録のレーダーチャート作成ソフトを使えば簡単に結果を可視化できる。このファイルもダウンロード可能である。

各アンケート項目は，道徳的心情や価値観といった思いや願いのレベルではなく，「〜している」「〜できる」といった道徳的実践を行っているかどうかといった行動面や態度を問うものにしている。そのことによって，道徳力アンケートは子どもたちにとって道徳的実践の行動目標を示すことができるため，特に道徳科の目標である，「実践意欲と態度」について子どもたちが自己評価をしながら主体的に高められるようにしている。また，行動目標を示すことで，自己評価の曖昧性や多義性を排し，このアンケートがだれにとってもわかりやすく共有化しやすい評価ツールになっていることが特徴である（資料２－２，２－３，２－４参照）。

さらに，そのことによって，子どもたち個々人の道徳的な内面の良心の自由を侵害することなく，人間社会で生きていくために必要不可欠であり普遍的な価値項目をもとにした子どもたちによる行動面での自己評価を大切にしているといえる。

背景にある理論としては，すでに学級力向上プロジェクトや家庭学習力アップ大作戦で提案したように，アンケートを活用した自己評価を行いながら，自己の行動を R-PDCA サイクルによって改善していくことをねらいとしている（参考文献３，４参照)。

大切なことは，レーダーチャートの形状や大きさをからかったり自慢したりすることのないように注意して，各学期に１回ずつアンケートを継続することにより，自分なりの見方や目標設定をしながら，少しずつ望ましい道徳的実践が学校や家庭，そして地域社会でできるようになることである。性急な成長や友だちとの直接的な比較をねらいとしているのではないことに留意して欲しい。

具体的な実践事例は，第３章と第４章に掲載しているので参考になるだろう。

資料2－2　道徳力アンケート・小学校中学年版

ver.2.0

どうとく力アンケート

小学校中学年版

第　　回（　　月）

◎　このアンケートは、わたしの生き方や考え方、そして行動のし方についてふりかえるためのものです。それぞれの文の４～１の数字のあてはまるところに、一つずつ〇をつけましょう。

４：とてもあてはまる　３：少しあてはまる　２：あまりあてはまらない　１：まったくあてはまらない

ありがとうの心

①ありがとう　よいことをしてくれた人に、「ありがとう」といっています。　４－３－２－１

②ことば　「やさしいね」「うれしいな」「たすかったよ」と、気持ちよいことばを使っています。　４－３－２－１

強い心

③いじめない　どんな小さなことでも、いじめはしていません。　４－３－２－１

④おさえる　人のことをうらやましいと感じても、悪口をいったりむししたりしていません。　４－３－２－１

はんせいする心

⑤おちつき　イライラしたりカッとしたときでも、ぐっとこらえておちつくことができます。　４－３－２－１

⑥あやまる　よくないことをしたときは、うそをつかずにすぐあやまっています。　４－３－２－１

大切にする心

⑦尊重　友だちの心をきずつけることをいったり、いやがることをしたりしていません。　４－３－２－１

⑧安心　友だちにどなったり、たたいたり、けったりしていません。　４－３－２－１

れいぎの心

⑨あいさつ　わたしから進んで「おはよう」「こんにちは」など、あいさつをしています。　4－3－2－1

⑩ゆずる　わたしが先にやりたいと思っても、人にゆずることができます。　4－3－2－1

正しい心

⑪係や仕事　わたしの係や仕事は、ちゅういされなくてもきちんとさいごまでやっています。　4－3－2－1

⑫きまり　わたしから進んで、学校や社会のきまりをまもっています。　4－3－2－1

やくだつ心

⑬やさしさ　こまったことや悲しいことがある人を、助けたりはげましたりしています。　4－3－2－1

⑭ていあん　人のためになることを、クラスの話し合いでていあんしたり、行ったりしています。　4－3－2－1

よくする心

⑮仲直り　クラスでおきたもめごとやケンカは、仲直りができるように声かけをしています。　4－3－2－1

⑯そうじ　わたしから進んでそうじやかたづけをして、気持ちよい教室になるようにしています。　4－3－2－1

みとめる心

⑰ほめる　友だちのよい考えやがんばりを、「すごいね」「さんせい」とほめています。　4－3－2－1

⑱ちがい　人がもっているそれぞれのちがいを、ばかにしたりけなしたりしていません。　4－3－2－1

せいちょうする心

⑲努力　わたしのよいところをのばし、悪いところを直せるように、努力しています。　4－3－2－1

⑳めあて　わたしがやろうと決めたことは、めあてを決めてねばり強くとりくんでいます。　4－3－2－1

資料２－３　道徳力アンケート・小学校高学年版

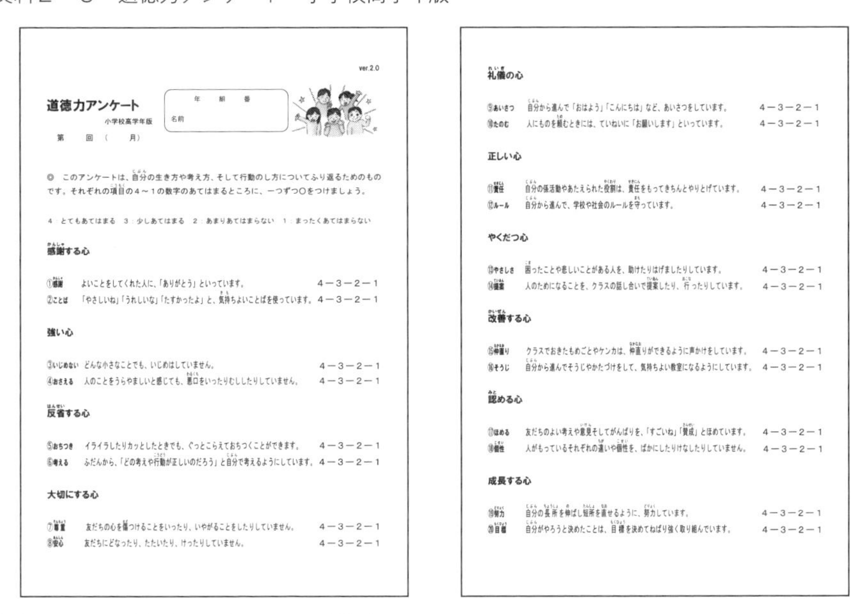

ver.2.0

道徳力アンケート

小学校高学年版

第　　回（　　月）

年　　組　　番

名前

◎　このアンケートは、自分の生き方や考え方、そして行動のし方についてふり返るためのものです。それぞれの項目の４～１の数字のあてはまるところに、一つずつ○をつけましょう。

４：とてもあてはまる　３：少しあてはまる　２：あまりあてはまらない　１：まったくあてはまらない

感謝する心

①感謝　よいことをしてくれた人に、「ありがとう」といっています。　４－３－２－１

②ことば　「やさしいね」「うれしいな」「たすかったよ」と、気持ちよいことばを使っています。　４－３－２－１

強い心

③いじめない　どんな小さなことでも、いじめはしていません。　４－３－２－１

④おさえる　人のことをうらやましいと感じても、悪口をいったりむししたりしていません。　４－３－２－１

反省する心

⑤おちつき　イライラしたりカッとしたときでも、ぐっとこらえておちつくことができます。　４－３－２－１

⑥考える　ふだんから、「どの考えや行動が正しいのだろう」と自分で考えるようにしています。　４－３－２－１

大切にする心

⑦尊重　友だちの心を傷つけることをいったり、いやがることをしたりしていません。　４－３－２－１

⑧安心　友だちにどなったり、たたいたり、けったりしていません。　４－３－２－１

礼儀の心

⑨あいさつ　自分から進んで「おはよう」「こんにちは」など、あいさつをしています。　４－３－２－１

⑩たのむ　人にものを頼むときには、ていねいに「お願いします」といっています。　４－３－２－１

正しい心

⑪責任　自分の係活動やあたえられた役割は、責任をもってきちんとやりとげています。　４－３－２－１

⑫ルール　自分から進んで、学校や社会のルールを守っています。　４－３－２－１

やくだつ心

⑬やさしさ　困ったことや悲しいことがある人を、助けたりはげましたりしています。　４－３－２－１

⑭提案　人のためになることを、クラスの話し合いで提案したり、行ったりしています。　４－３－２－１

改善する心

⑮仲直り　クラスでおきたもめごとやケンカは、仲直りができるように声かけをしています。　４－３－２－１

⑯そうじ　自分から進んでそうじやかたづけをして、気持ちよい教室になるようにしています。　４－３－２－１

認める心

⑰ほめる　友だちのよい考えや意見そしてがんばりを、「すごいね」「賛成」とほめています。　４－３－２－１

⑱個性　人がもっているそれぞれの違いや個性を、ばかにしたりけなしたりしていません。　４－３－２－１

成長する心

⑲努力　自分の長所を伸ばし短所を直せるように、努力しています。　４－３－２－１

⑳目標　自分がやろうと決めたことは、目標を決めてねばり強く取り組んでいます。　４－３－２－１

資料２－４　道徳力アンケート・中学校版

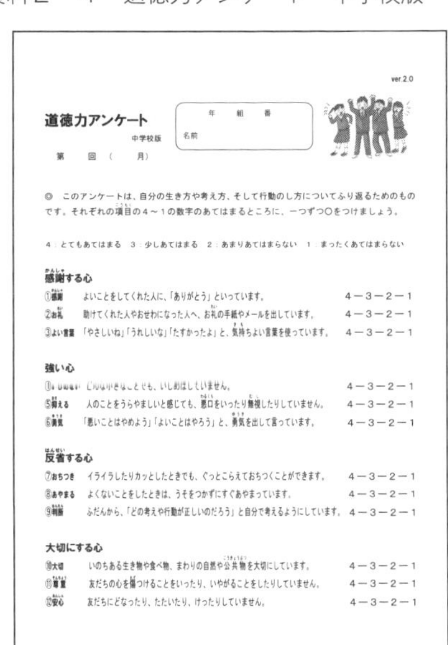

ver.2.0

道徳力アンケート

中学校版

第　　回（　　月）

年　　組　　番

名前

◎　このアンケートは、自分の生き方や考え方、そして行動のし方についてふり返るためのものです。それぞれの項目の４～１の数字のあてはまるところに、一つずつ○をつけましょう。

４：とてもあてはまる　３：少しあてはまる　２：あまりあてはまらない　１：まったくあてはまらない

感謝する心

①感謝　よいことをしてくれた人に、「ありがとう」といっています。　４－３－２－１

②お礼　助けてくれた人やおせわになった人へ、お礼の手紙やメールを出しています。　４－３－２－１

③よい言葉　「やさしいね」「うれしいな」「たすかったよ」と、気持ちよい言葉を使っています。　４－３－２－１

強い心

④いじめない　どんな小さなことでも、いじめはしていません。　４－３－２－１

⑤抑える　人のことをうらやましいと感じても、悪口をいったり無視したりしていません。　４－３－２－１

⑥勇気　「悪いことはやめよう」「よいことはやろう」と、勇気を出して言っています。　４－３－２－１

反省する心

⑦おちつき　イライラしたりカッとしたときでも、ぐっとこらえておちつくことができます。　４－３－２－１

⑧あやまる　よくないことをしたときは、うそをつかずにすぐあやまっています。　４－３－２－１

⑨判断　ふだんから、「どの考えや行動が正しいのだろう」と自分で考えるようにしています。　４－３－２－１

大切にする心

⑩大切　いのちある生き物や食べ物、まわりの自然や公共物を大切にしています。　４－３－２－１

⑪尊重　友だちの心を傷つけることをいったり、いやがることをしたりしていません。　４－３－２－１

⑫安心　友だちにどなったり、たたいたり、けったりしていません。　４－３－２－１

礼儀の心

⑬挨拶　自分から進んで「おはよう」「こんにちは」など、あいさつをしています。　４－３－２－１

⑭ゆずる　自分が先にやりたいと思っても、人にゆずることができます。　４－３－２－１

⑮依頼　人にものを頼むときには、ていねいに「お願いします」といっています。　４－３－２－１

正しい心

⑯責任　自分の係活動や与えられた役割は、責任をもってきちんとやりとげています。　４－３－２－１

⑰心がけ　ふだんから、正しい言葉づかいや正しい行動ができるように心がけています。　４－３－２－１

⑱ルール　自分から進んで、学校や社会のルールを守っています。　４－３－２－１

やくだつ心

⑲思いやり　「自分さえよければ」ではなく、「人の喜ぶこと」を考えて行動しています。　４－３－２－１

⑳やさしさ　困ったことや悲しいことがある人を、助けたりはげましたりしています。　４－３－２－１

㉑提案　人のためになることを、クラスの話し合いで提案したり、実行したりしています。　４－３－２－１

改善する心

㉒仲直り　クラスでもめごとやケンカがおきた時は、仲直りができるように声かけをしています。　４－３－２－１

㉓話し合い　よりよい学級にするための話し合いでは、自分の意見を発言しています。　４－３－２－１

㉔掃除　自分から進んで掃除やかたづけをして、気持ちよい教室になるようにしています。　４－３－２－１

認める心

㉕聞く　人の話や気持ちを最後までしっかりと聞いて、受けとめています。　４－３－２－１

㉖ほめる　友だちのよい考えや意見そしてがんばりを、「すごいね」「賛成」とほめています。　４－３－２－１

㉗個性　人がもっているそれぞれの違いや個性を、ばかにしたりけなしたりしていません。　４－３－２－１

成長する心

㉘すなお　「こうした方がいい」というアドバイスや注意は、すなおに受け入れています。　４－３－２－１

㉙努力　自分の長所を伸ばし短所を直せるように、努力しています。　４－３－２－１

㉚目標　自分がやろうと決めたことは、目標を決めてねばり強く取り組んでいます。　４－３－２－１

3 「道徳アクティビティ」で操作化する

道徳科の学びを主体的で対話的な学びにするのは，まさに道徳アクティビティである。子どもたちが楽しみながらよく考えて友だちと対話しながら，道徳的実践のあり方や自分の生き方の意味や価値について判断することができるようになる効果的なアクティビティは，次のような７つである。

1 マッピング

マッピングとは，自分や自分たちの心の中にある価値葛藤や道徳的判断などを，画用紙の上にイラストや真心カードを用いて，イメージマップやウェビングの手法で描き出していく活動である（写真１－３，２－５参照）。

望ましい道徳的判断を行い，道徳的実践への実践意欲をもつには，価値項目に基づく具体的な道徳的判断が，客観的な基準として心の外にあるのではなく，人間の心の中に，悪意や悩み，心配や怠け心といったネガティブな精神状況の中に葛藤として存在しているという考え方に基づいた活動である。

わかりやすく言えば，道徳的実践を人が行えるようになるには，価値項目が絶対に正しいからではなく，正誤の判断に揺れる人間の心を友だちの力を借りて少しずつ強くしていくしかないという前提に立っているのである。

言いかえれば，道徳科の目標としてあげられている，「実践意欲と態度」を育てるには，マッピングを通して心の中の葛藤と実践指針，そして解決策を子どもたちが自己決定し，可視化し，宣言することが大切なのである。

2 サークルタイム

サークルタイムは，「子どもたちが床の上に円形に座って，あるテーマのもとに全員参加で対話をする活動」である（田中，2010）。イギリスでは，みんなで歌を歌ったり踊ったりするお楽しみ会のようなものも行われている。また，対話する内容に，「幸せって何？」「いじめはなぜ起きる？」「自由って何？」といった物事の本質を問い合うためのテーマを入れて，「子どものための哲学（Philosophy for Children）」と呼ばれることもある。

サークルタイムは，自分とは異なる友だちの意見を聞いて自分の意見をつなげて話す習慣，つまり対話力をつけることで，テーマについて深く粘り強く考える力やわかりやすく論理的に話す力を高められるだけでなく，友だちを尊重する態度や自信をもって自己表現する積極性などを身につけることができる。そのため，サークルタイムは，道徳ワークショップのアクティビティとして最適であるといえる。つまり，自己内対話と友だちとの対話を関わらせて，内容項目が示す価値について深く考えたり，望ましい道徳的実践をめぐる自己の心理的葛藤について冷静に見つめたり，望ましい道徳的実践への実践意欲をもつことができるようになる活動なのである（写真１－９参照）。

3 ペープサート劇

ペープサート劇やパペット劇は，道徳的アクティビティとしてオリジナルな活動ではないが，道徳科で求められている体験的な活動として，ぜひおすすめしたい（写真２－１）。道徳科では主体的で対話的な学びとして価値判断を行うことが大切になるが，子どもたちは，体験的な活動の一つとして効果的であっても，役割演技については恥ずかしさから必ずしも集中して取り組めないことがある。しかしペープサート劇やパペット劇であれば，自分を外して自分を表現できるという独特な心理的効果があるため，恥ずかしがりの子どもでも楽しく役割演技や自己表現を行うことができるようになる（田中，2010）。

4　心の関係図発表会

心の関係図発表会は，画用紙の上に真心カードを用いて，ある価値項目に基づく道徳的実践のあり方を構造的に表現し，その内容について発表するアクティビティである（写真１－４参照）。心の葛藤マップ発表会も同様である（写真２－６参照）。心の関係図は，まずグループ内対話で作成するものであるが，それをクラス全体で発表しグループ間の相違点や共通点を明らかにしていくことで，より深く道徳的実践のあり方を考えることができるようになるため，心の関係図発表会は，道徳ワークショップのアクティビティとして欠かせないものである。

5　振り返りタイム

振り返りタイムは，これだけであると特にオリジナルな活動ではないように見えるが，道徳ワークショップとして，子どもたち一人ひとりが取り組んだ「道徳実践週間」の後に道徳科の授業でその成果と課題を振り返る時間であるので，ユニークな活動である。

これまでの道徳の時間の授業では，道徳的実践と道徳の時間の授業を直接関連づけることは避けられてきたが，これからは道徳科の目標に定められているように，「実践意欲と態度」を育てることが求められているため，道徳科の連続する２時間の小単元の間に，子どもたちが日常活動として家庭や学校で道徳的実践に取り組み，その成果と課題を２時間目の授業で振り返るものである（写真１－10参照）。その際に最も大切なことは，振り返りタイムを特別活動ではなく道徳科で行うことを明確にするために，真心カードを活用して，自分が道徳的目標として設定した価値項目の視点から子どもたちが自分で取り組んだ道徳的実践について振り返るようにすることである。

そして，振り返りタイムでは，ただ客観的に成果と課題を振り返るだけでなく，道徳的成長に向けて道徳的実践週間で頑張ったことを，友だち同士で認め合い，次の実践意欲につなげていくことも大切である。

6 道徳物語づくり

道徳物語づくりは，道徳漫画づくりなどを含めて，これまで道徳の時間の授業で使われてきた読み物教材を子どもたち自身につくってもらうアクティビティである。価値項目や道徳的実践のあり方に気づくには，ただ読み物教材を読むだけでなく，子どもたち自らが道徳的実践を組み込んだ物語を作成することが大切であると考えたのである。つまり，物語の読解から創作へ発展させることで，道徳科の目標がよりよく達成できるのである。

ただし，道徳科の授業中には物語づくりの時間を取ることはできないので，日常活動として行わせたり一部を宿題にしたり，あるいは教科横断的なカリキュラム編成をして国語科の物語づくりの単元と連携して取り組ませるとよいだろう。詳しくは，第３章の梅澤泉教諭の授業実践を参考にして欲しい。

7 はがき新聞づくり

最後に，道徳アクティビティとして，はがき新聞づくりをおすすめしたい。

すでに道徳ツールとして紹介したように，はがき新聞は，見出しと３段組構成の枠に沿ってイラストや図表を組み入れて100字から200字程度でコンパクトに自分の考えを伝えることができる簡易な表現ツールである。

はがき新聞の創作活動は，道徳物語づくりと同様に，表現ツールとして，より明確に子どもたちが価値項目に気づいたり，自己の道徳的成長をもたらす実践意欲をもったりすることができるようになる（写真１－11，１－12参照）。はがき新聞づくりは，創作だけでなく発展的に作品の交流活動を設定することで，友だち同士で道徳的成長を促し合える関係づくりにつながる道徳アクティビティである。

4 「道徳ポートフォリオ」で言語化する

最後に，３種類の道徳ポートフォリオについて紹介したい。

ここで紹介するポートフォリオは，道徳ツールとしても考えられるが，子どもたちが自分の道徳的成長を継続的に記録し，そこから自分のための道徳的目標を設定して，自己成長を意図的に生み出していく新しいツールとして，特別に道徳ポートフォリオを提案したい。

道徳ポートフォリオとして，現在までに，道徳週間チェック表，道徳成長カード，そして道徳力レーダーチャートの３種類を開発してきた。

1 道徳週間チェック表

道徳週間チェック表は，道徳科の授業で，「宿題をする」「悪口を言わない」「あいさつをする」「ありがとうを言う」といった道徳的目標を子どもが自分のために設定し，それを日常活動や総合的な学習の時間，学校行事の中で１週間程度実施して（道徳実践週間），その記録を付けるためのチェックシートである。

ある週の月曜日から金曜日まで（家庭での実践の場合には日曜日まで）に実践したことを記録できる欄を設けて，さらに真心カードの中から必要な心を選んで，その視点から実践の成果と課題を振り返る欄もつくるようにしたい。

小学校の場合には，家族からの応援メッセージやほめほめ言葉を書く欄をつくっておけば，家庭の協力のもとに道徳実践週間を実施することができるだけでなく，子どもたちの振り返りにも家庭からのメッセージを生かすことができる。

道徳ポートフォリオを作成していくことは，子どもたちの主体的な道徳性の伸長を促すものであることから，まさに道徳ワークショップの要となるものであり，道徳科で求められている「児童が自ら道徳性を養う中で，自らを振り返って成長を実感したり，これからの課題や目標を見付けたりすることができるよう工夫すること」という内容の取扱いの項目を生かすことになる。

また，道徳ポートフォリオを家庭の協力を得て子どもたちが主体的に作成することは，道徳科が求める「授業の実施や地域教材の開発や活用などに家庭や地域の人々，各分野の専門家等の積極的な参加や協力を得たりするなど，家庭や地域社会との共通理解を深め，相互の連携を図ること」という事項を満たすことにつながる。

したがって，道徳科においては，道徳ノートをつくるだけでなく，道徳ポートフォリオを継続的につくらせるために，ワークシートやチェックシートを適宜活用することが望ましい。

道徳週間チェック表を年間に３枚～５枚程度作成させて，クリアポケットファイルに綴じていくことで，子どもたちが自分の道徳的成長を主体的・対話的に生み出していくことが可能になる。それこそが，道徳科での深い学びといえるだろう。

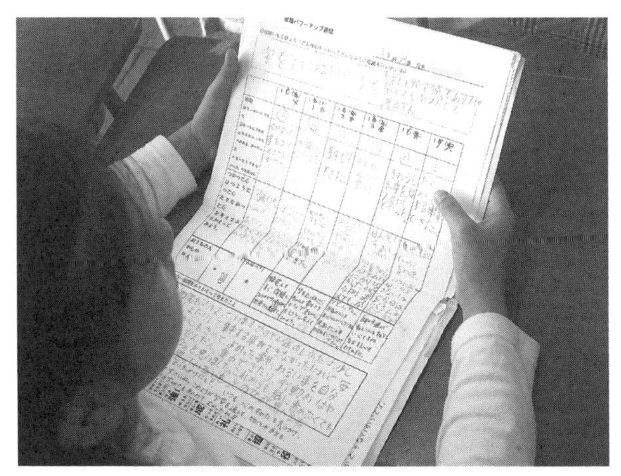

写真２－８　道徳週間チェック表を見ている

2　道徳成長カード

道徳成長カードは，真心カードの発展型として，ハート型の大きなカードを用意して，その中に，「振り返りタイム」で道徳実践週間の成果と課題を，選択した心の視点で書いたものである。

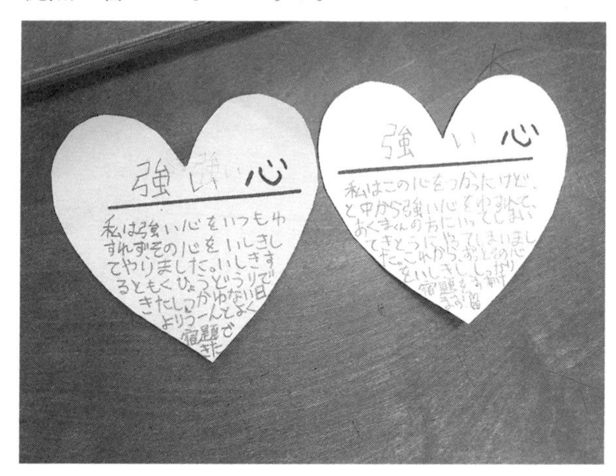

写真２－９　道徳成長カード

成果を書いたカードと課題と今後の道徳的目標を書いたカードの色を違えておくと，より一層子どもたちの認め合いや次なる学習への見通しがもてるようになる。

そして，カードに振り返りを書いてＡ４判の紙に貼り付けてポートフォリオ化したものを参照して，単元の終わりや学期の終わりに，道徳はがき新聞を書くようにすると，具体例を引用した実感の伴った内容の深い作品ができるので試してみて欲しい。

このように道徳科において考えて書く活動を，全て道徳ノートに頼るのではなく，子どもたちが「主体的・対話的で深い学び」の中で，内容項目を可視化したり操作化したり，言語化したりできるようなツールの活用やアクティビティを促進するポートフォリオの作成とワークシートやカードの蓄積をぜひおすすめしたい。

3 道徳力レーダーチャート

最後に紹介したいのが，道徳力レーダーチャートである。

これは，子どもたちが自分の日頃の道徳的実践の状況を振り返って付けた道徳力アンケートの結果を，レーダーチャート形式でグラフ化して可視化したものである。本書の付録資料として，エクセルのプログラムを作成しているので，ダウンロードして活用して欲しい。

１クラス分のアンケートを入力するだけなら，15分程度で終わる簡易なプログラムである。ただし，クラスの子どもたち全員分のレーダーチャートをカラー印刷するのには，プリンタの性能によって30分程度はかかることをご理解いただきたい。なお，カラーで印刷すれば，自分の道徳性の成長の様子

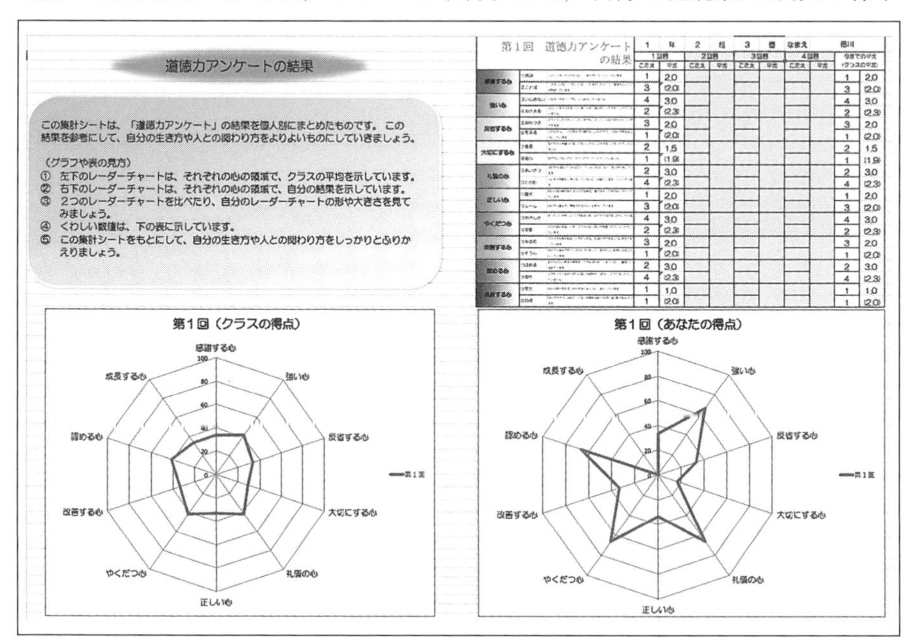

写真２－10 道徳力レーダーチャートの例

がきれいに描かれるので，子どもたちは意欲的に振り返りを行えるようになる。

具体的な実践事例は，第３章と第４章に掲載しているので参照して欲しい。

【付録資料】

1　「宿題」葛藤カード一式
2　「悪口」葛藤カード一式
3　道徳週間チェック表
4　道徳力アンケート（小学校中学年版，小学校高学年版，中学校版）
5　道徳力レーダーチャート作成ソフト（小学校中学年版，小学校高学年版，中学校版）

【注】

1　道徳力アンケート及びレーダーチャート作成ソフトは，本書の専用ホームページからダウンロードできます。以下の URL よりダウンロードできます。
URL：http://meijitosho.co.jp/204722#supportinfo
ユーザー名：204722　　パスワード：doutokuws
2　はがき新聞は，公益財団法人理想教育財団が提供するはがきサイズの新聞である。詳細は，財団ウェブサイトを参照して欲しい。
http://www.riso-ef.or.jp　電話 03-3575-4313

【参考文献】

1　田中博之著『フィンランド・メソッドの学力革命―その秘訣を授業に生かす30の方法』明治図書出版，2008年
2　田中博之著『学級力が育つワークショップ学習のすすめ―明日の授業からすぐに使える５つのメソッド』金子書房，2010年
3　田中博之編著『学級力向上プロジェクト３―スマイル・アクション事例集　小・中学校編』金子書房，2016年
4　田中博之編著『アクティブ・ラーニングが絶対成功する！　小・中学校の家庭学習アイデアブック』明治図書出版，2017年

第3章

道徳ツールとアクティビティを活用した小学校の授業プラン

宿題はなぜするの？

内容項目：「努力と強い意志」（A）
主題：「宿題をしっかり行うために大切な心を考えよう」
教材：「宿題忘れ」（子どもの制作した詩）

1　授業のねらい

❶本実践のねらい

宿題を行うために必要な心を話し合ったり，その心を意識して行動してみたりしながら，自分でやろうと決めた目標に向かって強い意志をもち，粘り強くやりぬく心情を育てる。

❷道徳的諸価値について理解させる工夫

宿題を行うための「正しい心」「成長する心」などのいろいろな心の大切さに気づかせ，それらの心を意識して宿題を行う「宿題パワーアップ週間」を取り入れることで，強い意志がなくては続けられないことを理解させる。

❸多面的・多角的に考えさせる工夫

心の葛藤マップを用いた話し合いで，人の心の中にはさまざまな心情が生じることに気づかせる。そして，目標に向かって，自分の心情をどのようにコントロールしていけばよいのかをグループワークにより考えさせる。

❹自己の生き方についての考えを深めさせる工夫

道徳科で学んだことを「はがき新聞」に表現し，他学年に配布する。他学年の子どもや先生からほめられることで，自己を律して努力していこうと決意し，自己の生き方についての考えを深めることにつなげる。

子どもたちの元気なあいさつとともに朝がスタートするにぎやかな３年生の教室。その中で，おそるおそる担任の先生に歩み寄る数名の子どもたちがいる。「先生ごめんなさい。宿題をやるのを忘れました。」とか細い声。

宿題忘れをなくすために，休み時間なし等の罰則を設けたり，何のために宿題をやるのかを話し合わせたりしたが，効果は一時的である。宿題には，決められたことを守る「正しい心」や，遊びたい，さぼりたいという気持ちを律することのできる「強い心」といった道徳的判断力が関係している。そこで，「宿題」を題材に道徳科の授業を行い，主体的に道徳的価値を選択し実践する態度を養うことができないか試みた。

2 授業づくりのポイント

ポイント① 題材選びは日常生活の中から

「宿題」という，子どもにとっても先生にとっても切実な悩みを題材に選んだことで，真剣に考える。

ポイント② 自己内省する時間の設定

どのような思いで，宿題と向き合っているのかを，個人の考えを葛藤シートに書き込むことで，グループワークに参加しやすくなる。

ポイント③ ツールを用いた活発なグループワーク

葛藤シート上にそれぞれの思いを書き表しながら，気持ちを拡散させる。だれもが似たような心の葛藤があることに気づき，グループワークが活発になる。

ポイント④ 道徳的価値の可視化・操作化

葛藤を乗り越えるために必要な道徳的価値は何か，真心カードを操作しながら話し合う。

ポイント⑤ 道徳週間で道徳的行為の実践

グループで考えた道徳的行為を日常場面で実践してみる。実践してみることで新たな発見や課題解決の方法を知ることができる。

ポイント⑥ はがき新聞による自己宣言

この単元の振り返りをはがき新聞で書き表す。印刷し，校内に配るという新聞の役割を意識しながら書くことで，自己宣言に責任をもてる。

3 使用するツール・アクティビティ

ツール

❶真心カード

ハート型のさまざまな心のカード。グループワークで，これを操作して話し合いを進める。子どもたちが考えた心を書き込んで使うこともできる。

❷心の葛藤マップ

心の葛藤がかわいいイラストで描かれたもの。これを大きな画用紙に貼り，周りに気持ちや考え，真心カードをグループで話し合いながら貼っていく。

❸道徳ポートフォリオ

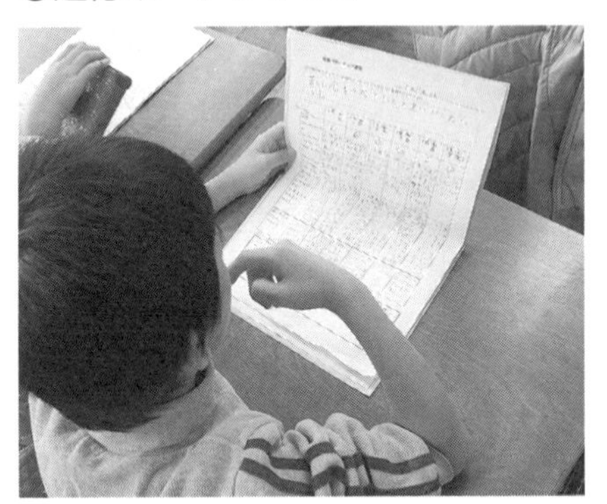

自分の考えや「宿題パワーアップ週間」の記録をしていく週間チェック表。家の人からのコメント欄も入れ，家庭との連携を図っている。

❹はがき新聞

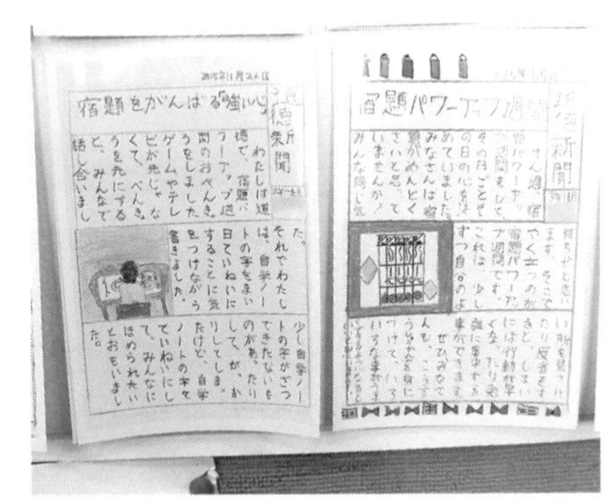

一連の学習を振り返りとして「道徳はがき新聞」を制作。はがきサイズのため，短時間で仕上げることができる。

4 指導計画

[道徳1時間目]
導　入　「子どもの制作した詩」を読み，自分も同じような気持ちになったことはないか考える。自分の心と向き合う。（自己内省）
展開①　アクティビティ①　心の葛藤マップを用いて，グループワーク。心の中の葛藤を友だちと分かち合う。（気持ちの拡散）
展開②　アクティビティ②　真心カードを心の葛藤マップの上で操作しながら，必要な道徳的価値を選択していくグループワーク。（考えの深化）
終　末　グループの気づきを全体で確認。各自「宿題パワーアップ週間」に向けての目標をもつ。

実践週間　「宿題パワーアップ週間」宿題を行う上での心の動きを記入する。

[道徳2時間目]
導　入　宿題パワーアップ週間を振り返り，自分の役に立った道徳の心や使えなかった道徳の心を考える。自作の真心カードに記入する。（内省）
展　開　アクティビティ③　それぞれの自作の真心カードを発表し合うグループワーク。聞き手は，称賛やアドバイスを行う。
終　末　グループの話し合いで，良かった点や役に立った点を全体の場で発表。これまでの学習を通して学んだことを振り返る。

[宿題]
道徳新聞　子ども一人ひとりがこの一連の道徳の授業のまとめとして，はがき新聞を制作する。（振り返り）

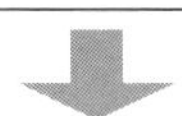

配付活動　制作したはがき新聞を印刷して，他学年の各学級や諸先生に配付する。自分の学びを説明してから相手に渡すようにする。

5　授業展開例

❶導入は「子どもの詩」

子どもが自主的に書いてきた詩を導入に使った。宿題をやるまでの心の葛藤が見事に描かれていた。この詩を学級全体で読み合い，同じような気持ちになったことはないかとたずねた。子どもたちから「ある。ある。」「わかるなぁ～。」というため息がもれた。宿題を忘れがちな子どもはもちろん，日頃から真面目に取り組んでいる子どもたちも，連日心の葛藤を乗り越えて宿題を行っていることがうかがえた。

宿題わすれ

宿題をわすれるとしかられる。
でも，宿題はやりたくない。
なんでだろう。
子どもだけそうなのかな。
それか大人もそうなのか。
宿題をやると少しずつ頭よくなる。
でも，本当にまじでやりたくない。
宿題をやらなければいいじゃないか。
でも，先生のおにの顔が待っているぞ。
やっぱり宿題やろうかな。
友だちと遊びに行こうか。
まような。どうしよう。
う～ん。う～ん。う～ん。
じゃ今日だけやらなければいい。
あ～。でも……!!
じゃ宿題やろう♡

❷自分の心と向き合う

図1　葛藤シート

詩を読んだ後に，一人ひとりが宿題を行うときの自分の気持ちと向き合う。悩んでいるイラスト入りの葛藤シートの下に宿題を行うときの気持ちを書いていく。「遊びたい」「めんどうくさい」「先生におこられてもいいや」という宿題からの逃避を試みる感情と，「宿題をやらないと頭がよくならない」「先生との約束をやぶってはだめ」「早く終わらせてしまえば楽になる」といった宿題をやり遂げようと自己を律する感情が交錯している。

❸心の中の葛藤を分かち合う

図2　アクティビティ①

グループワークでは，心の葛藤をイラストで描いたハートの周りに，それぞれの気持ちを書き表していきながら拡散させていく「心の葛藤マップ」を使用する。ネガティブな感情を推奨する悪魔と正しい行動に導こうとする天使のイラストも貼り付け，葛藤する心の中を友だちと一緒につくり上げていく。

「宿題なんてやらないで遊びに行こう」「ゲーム楽しいよ」という悪魔の声や「自分のために宿題をやるのよ」「宿題をやってから遊ぶとすっきりするわよ」といった天使の声を書き込みながら，「こっち，見て。見て。」「これはどう？」と楽しそうに話し合う子どもたち。「なんだか悪魔の味方をしたくなってきたよ。」という正直な意見もあがりながら，紙面いっぱいに子どもたちの気持ちが拡散していく。

❹宿題をするために大切な心は何？

図3　アクティビティ②

次に，宿題をやる際に生じる葛藤を乗り越えるためには，どのような「道徳の心」が必要かを話し合う。ハートの形をした「真心カード」（道徳的価値）を心の葛藤マップ上で操作しながら進めていく。道徳的価値を可視化し，子ども自身に主体的に選択させ操作させることで，自覚し，実現しようとする意識を育てることができるのではないかと考えた。「真心カード」を選びながら，なぜその心が必要なのかという理由も話し合うようにした。子どもたちは，「強い心があれば，やらなくてもいいよという悪魔のささやきの声を倒せる。」「正しい心は，宿題はほめられるためでなく，自分のためにやること。」「反省する心は，ずっと遊んでばかりいて，頭が悪くなったことを反省したから。」

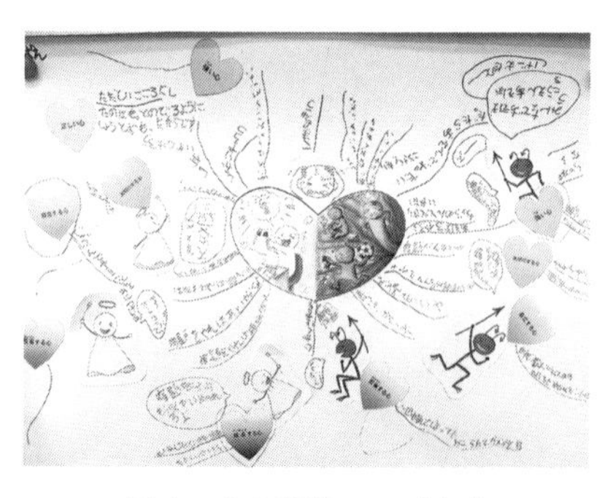

図４　心の葛藤マップ完成

というような理由を心の葛藤マップに書き込んでいく。このようなグループワークにより，一人では注目していなかった道徳的価値に気づいたり，友だちの道徳的価値の実現に向けた考え方を知ったりできる。「心の葛藤マップ」と「真心カード」を話し合いのツールとして用いることで，子どもたちが考えを深化させていくことを見取ることができた。

❺宿題パワーアップ週間

今までの道徳の授業では，話し合いにより，道徳的心情を出し合って完結するものが一般的であったが，話し合ったこと，考えたことを意識的に実践することを取り入れた。「宿題パワーアップ週間」と名付けて，毎日の宿題実施状況と宿題をやり遂げるためにどのような道徳の心が必要だったか，あるいは，宿題をやり遂げられなかったことはどのような道徳の心が足りなかったのかを１週間記録させていく。保護者に協力を呼びかけ，家庭からのコメントも毎日書いてもらうことにした。実際に行動することで，道徳的価値を

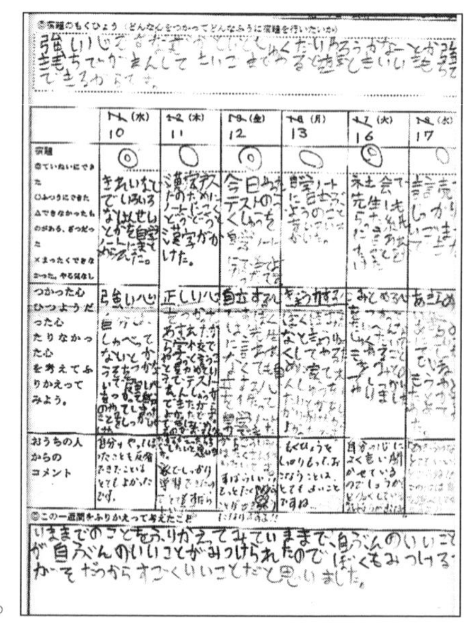

◎宿題のもくひょう（どんな心をつかってどんなふうに宿題を行いたいか）

[illegible]

	10	11	12	13	16	17
宿題 ◎ていねいにできた ○ふつうにできた △できなかったものがある，ざつだった ×まったくできなかった。やる気なし	◎	○	◎	○	◎	○
	[illegible]	[illegible]	[illegible]	[illegible]	[illegible]	[illegible]
つかった心 ひつようだった心 たりなかった心 を考えてふりかえってみよう。	強い心	正しい心	自立する心	[illegible]	みとめる心	[illegible]
	[illegible]	[illegible]	[illegible]	[illegible]	[illegible]	[illegible]
おうちの人からのコメント	[illegible]	[illegible]	[illegible]	もくひょうをしっかりもっておこなうことは，とてもよいことですね。	[illegible]	[illegible]

◎この一週間をふりかえって考えたこと

いままでのことをふりかえってみていままで，自ぶんのいいことが自ぶんのいいことがみつけられたので ぼくもみつける[illegible] だから すごくいいことだと思いました。

図５　宿題の道徳週間チェック表

行動に移すことの難しさに気づくことだけでなく，自己理解を深めることにもつながっているのが週間チェック表からうかがえた。この「宿題パワーアップ週間」では，宿題をやるという行為そのものよりも，自己の心に注目できる。今まで道徳で学習してきた「強い心」「自立する心」「正しい心」に加えて，「あきらめない心」「がんばる心」など，各々が主体的に考えた心も意識して実践することができた。家庭からのコメントも，「宿題をやった，やらない」という行為そのものよりも，子どもの内省に対しての称賛やアドバイスが多く見られた。親としては，「宿題をきちんとやりなさい。」という叱責をしたくなるが，子どもの振り返りを読むことにより「自分の心によく言い聞かせてください。」というような表現に変化する。自分の心との向き合い方を親子で考えることができた。

〈子どもの振り返り〉
　毎日，その日の心を決めて，良かった事や悪かった事を自分で考えるとだんだん集中できたり，行動ははやくなったりするんだと思いました。これからは，紙に書かなくても，心の中で思っているとのびると思います。
〈家庭からの振り返り〉
　そうだね。このことをきっかけにして，いつも心のすがたを気にかけ，すてきな心を育ててくださいね。このような学習を通して，物事や自分を客観的に見ることの大切さを知れてよかったね。

　家庭でこのような会話が行われることが，よりよく生きるための基盤となる道徳性を養うことにつながるのではないだろうか。

❻「宿題パワーアップ週間」を学級で振り返る

　前回の道徳の授業から１週間後，再び宿題についての道徳の授業を行う。
　今回は，自分が実際に行った「宿題パワーアップ週間」で考えたことや感じたことを出し合って話し合いを深めていく。

ピンクのハート型の紙（図６）には，宿題をするときに役に立った道徳の心を記入する。どのようにしたら，その心を使うことができたのかを考えながら書いていく。水色のハート型の紙（図７）には，使いたかったけれどうまく作用しなかった道徳の心を記入する。自分の行動や思考を言語化することで，自分の癖や特徴もはっきりしてくる。やらなくてはいけないとわかっているのに，ゲームを始めてしまう弱い自分を認め，自分の心の中の強い心に声をかける。頑張って最初に宿題を終わらせてしまえば，心からゲームを楽しむことができるのだろうと気づく。これがすなわち，自己マネジメント力をつけることにつながるのである。

図６　役に立った道徳の心
（自作の真心カード）

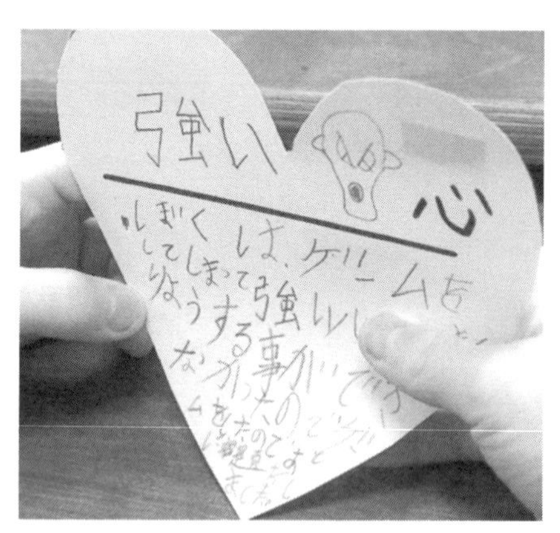

図７　使えなかった道徳の心
（自作の真心カード）

グループでハートに書いた道徳の心を発表し合う。聞き手は，ピンクのカードに，「いいね。頑張ったね。」という称賛の言葉を送り，水色のカードには，こうすれば道徳の心を使えるよというアドバイスをするようにした。ほめられることで，自分の心をコントロールする楽しさが増してくる。

図８　アクティビティ③

6 道徳新聞

一連の道徳の授業のまとめとして，「道徳はがき新聞」を作成する。話し合い→行動→振り返り→話し合いという一連の活動を通して，気づいたことや学んだことを１枚のはがき新聞にまとめている。書くことによって思考を整理するとともに，今後頑張ることを宣言できるよさがある。作成した新聞は，校長先生や専科の先生，他学年の各学級にも子ども自ら配付している。配付した先生からお礼を言われたり，ほめられたりすることによって，自分が人の役に立っているという有用感を感じることができる。今回の宿題の新聞では，新聞を読んだ上級生から，「３年生が宿題を頑張っているのだから，ぼくらが宿題をさぼるわけにはいかないな。」という感想をもらった。子どもたちは，自分の行動が人の心を動かせるという喜びも味わうことができ，さらに，自分を律していこうという思いにさせられた。主体的に考えて行動し，協働的に話し合ったことで多くのことを学び，新たな自己を創造する。

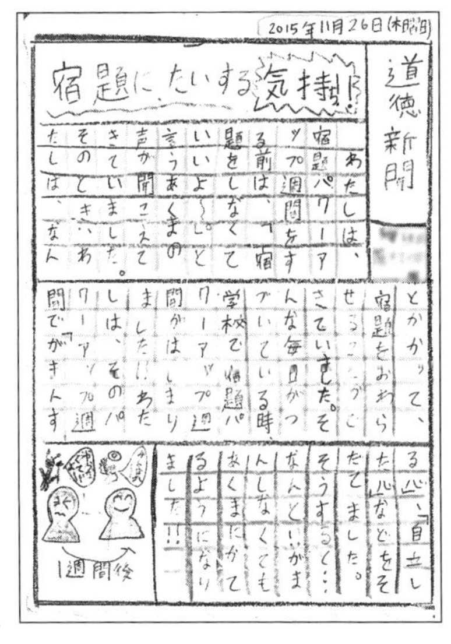
2015年11月26日(木曜日)

道徳新聞

宿題にたいする気持ち!

わたしは、宿題パワーアップ週間をする前は、「宿題をしなくていいよ〜」と言うあくまの声が聞こえてきていました。そのとき、あたしは、なんとかかって、宿題をおわらせることができていました。そんな毎日がつづいている時、学校で宿題パワーアップ週間がはじまりました!!わたしは、そのパワーアップ週間で「がまんする心」、「自立した心」などをそだてました。そうすると…なんと!がまんしなくてもあくまにかてるようになりました!!

1週間後

2015年11月26日

道徳新聞

3年1組

強い心育てる

ぼくは、いつもあそびや友だちにまけてついあそんでしゅく題をやるのがおそくなりいつもおこられておわりストレスがたまり1日がいつもこうしておわります。そこでぼくは、きめました。友だちやあそびにまけないでやれはおこられないし、ストレスがたまんないからこのやくそく[illegible]りながらすると、とてもらくになります。これからもつづけてあきらめないで[illegible]次にまけないです。また「強い心」を育てたいです。

図９　はがき新聞

7　指導の工夫・発展学習

中学年の発達段階に合うと思われる道徳の価値項目を12個選び，「道徳の心」として，年間を通じて子どもたちに意識させてきた。いたずら，意地悪，さぼりなど，学校生活の中で問題が生じる度に，どんな心が足りなかったのか，どんな心があれば解決できるかを学級で話し合ってきた。この12の心が大切なことは，中学年の発達段階でも十分わかっている。だが，その心を使って行動できない自分がいる。葛藤の中で子どもたちは道徳的実践力を育んでいく。

「道徳の時間」に考えたい「心」

心	自分の点数	心	自分の点数
正しい心	9/10	自立した心	9/10
強い心	10/10	反省する心	10/10
成長する心	9/10	思いやりの心	9/10
礼ぎの心	10/10	大切にする心	10/10
協力する心	9/10	みとめる心	10/10
役立つ心	9/10	ありがとうの心	9/10

●今の心，は，もっともっと10点になれると思うから
がんばる。

図10　道徳のポートフォリオ

導入の詩を読んだ名古屋の中学校の先生が，教室でこの詩を読んだ。中学生のお兄さん，お姉さんが，宿題をやりきるために葛藤している小学３年生に書いたはがき新聞を送ってくれた。はがき新聞を読んだ子どもたちは，「なんだ。中学生でも同じように悩んだり，努力したりしているんだ。」という感想をもった。人生の先輩からのメッセージで，子どもたちは勇気をもらった。

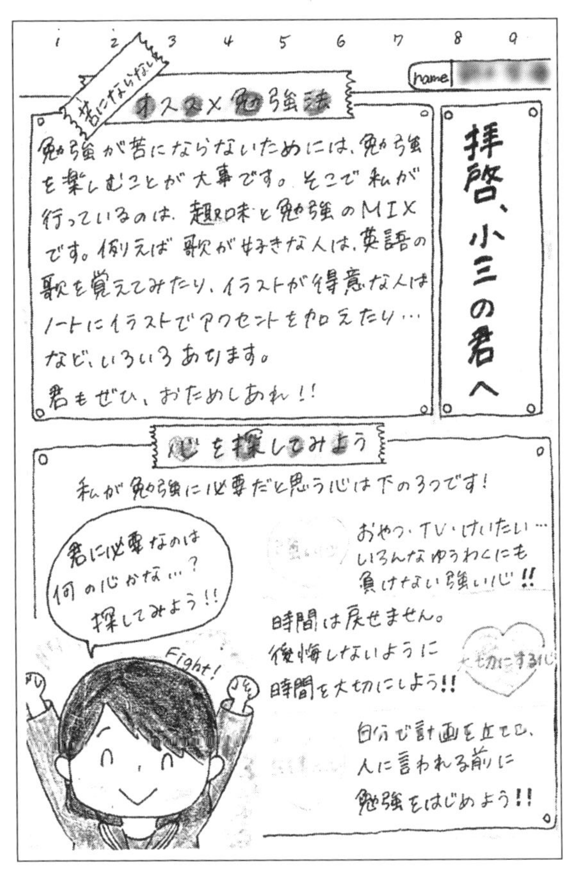

図11　中学生からのはがき

2 悪口はなぜいけないの？

内容項目：「相互理解，寛容」（B）
主題：「天使の心（尊重）を育てよう」
教材：「クラスの悪口語録」（子どもたちの日常的な悪口を集めたもの）

1 授業のねらい

❶本実践のねらい

悪口を言わないために必要な心を多面的に考え，自分の考えや意見を相手に伝えるとともに，相手のことを理解し，自分とは異なる意見も大切にする心情を育てる。

❷道徳的諸価値について理解させる工夫

悪口を言わないための大切な心に気づき，それらの心を意識して過ごす「天使の心週間」を取り入れることで，ただ悪口を言わないだけではなく，自分の考えや意見を相手に正しく伝えたり，相手のことをきちんと理解したりすることの大切さに気づかせる。

❸多面的・多角的に考えさせる工夫

心の葛藤マップや感情カードを用いた話し合いにより，人の心の中にはさまざまな心情が生じることに気づかせる。そして，グループワークで自分とは異なる意見や感じ方があることを多面的・多角的に考えさせる。

❹自己の生き方についての考えを深めさせる工夫

「天使の心週間」での学びを，パペット等で表現し合うことで，だれの心にもある悪魔の心（怒り，ねたみ等）をどのようにコントロールしていくかを学ばせる。自分だけでなく，他者にも心の葛藤があることを理解し，寛容に生きていこうという心情を育ませる。

休み時間になると，だれもが大急ぎで校庭に飛び出す元気いっぱいな３年

1組。授業中も笑いが絶えず，とにかく明るい。だから，学級力アンケートを行ったとき，授業中おしゃべりをしないという「学習」が低いことは予想できた。しかし，学級力レーダーチャートを見てみると，「尊重」ががくんとへこんでいた。そんな中，一人の女の子が手を挙げた。「先生，尊重って，全ての学級力に関わっているんじゃないかな。尊重がよくなれば，学級力の全てが上がると思う。」そこで，尊重する心を育むために，道徳科の授業から考えさせることにした。

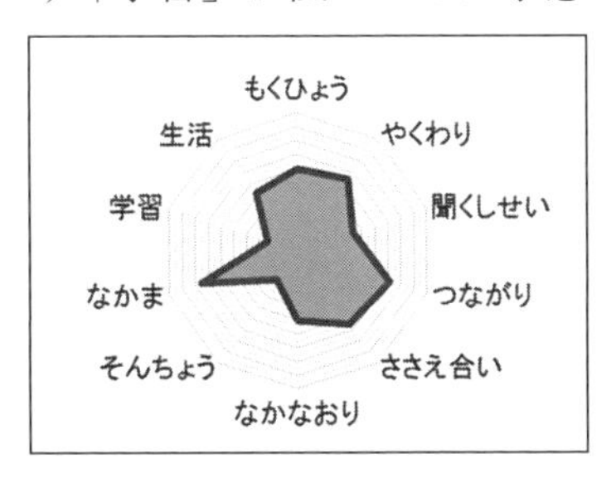

図1　学級力レーダーチャート

2　授業づくりのポイント

ポイント①　題材選びは学級の問題点から

「悪口」を言う人が多いから，学級力の尊重の項目が低いという問題点からのスタート。

ポイント②　ツールを用いた活発なグループワーク

天使と悪魔の葛藤シート上にそれぞれの思いを書き表しながら，気持ちを拡散させる。悪魔の気持ちで言葉を発したときの相手の心も想像させる。

ポイント③　道徳的価値の可視化・操作化

天使の行いをするためには，どんな心が必要か，「真心カード」を操作しながら，考えていく。

ポイント④　道徳週間で道徳的行為の実践

グループで考えた道徳的行為を日常場面で実践してみる。実践してみることで新たな発見や課題解決の方法を知ることができる。

ポイント⑤　ペープサート劇で自分の心の葛藤を見える化

実践週間の心の葛藤を，天使と悪魔のパペット（ペープサート）を用いて発表する。

3　使用するツール・アクティビティ

ツール

❶感情カード

泣く，怒る，困るといった顔の表情。悪口をいわれた人の気持ちを考えながら葛藤マップに貼っていく。

❷心の葛藤マップ

心の中の悪魔の気持ちと天使の気持ちをイラストで表したものをグループの話し合いで活用。真心カードや感情カードを用いて意見を拡散させていく。

アクティビティ

❶サークルタイム

「悪口」についてクラス全員で輪になって話し合う。ボールを持っている人が話すことがルール。

❷ペープサート劇

悪魔と天使のペープサートを用いて，自分の心の中の葛藤を劇風に発表し合う。

4　指導計画

[学級活動]
○アクティビティ①　「悪口」って何だろう？　サークルタイムによる話し合い

[道徳1時間目]
展開①　アクティビティ②　心の葛藤マップを用いて，グループワーク。心の中の悪魔の心を友だちと分かち合う。(気持ちの拡散)
展開②　アクティビティ③　天使の心になるために必要な真心カードを操作しながら，必要な道徳的価値を選択していく。
(考えの深化)
終　末　グループの気づきを全体で確認。各自「天使の心週間」に向けての目標をもつ。

実践週間　「天使の心週間」悪口を言いそうになったとき，天使の心で自分の気持ちをコントロールする。そのときの状況を記録。

[道徳2時間目]
導　入　「天使の心週間」を振り返り，自分の役に立った道徳の心や使えなかった道徳の心を考える。(内省)
展　開　アクティビティ④　グループで，それぞれの心の天使と悪魔の葛藤をペープサートで表現し合う。
終　末　グループの話し合いで，良かった点や役に立った点を全体の場で発表。これまでの学習を通して学んだことを全体で振り返る。

[宿題]
道徳新聞　子ども一人ひとりがこの一連の道徳の授業のまとめとして，はがき新聞を制作する。(振り返り)

配付活動

5 授業展開例

❶「悪口」って何だろう？

子どもたちには，３年１組は「悪口」を言う人が多いという認識がある。しかし，「悪口」とは何か，人によって意識が違う。そこで，全員が輪になって「悪口」について話し合うサークルタイムからスタートした。

図２　サークルタイム

「悪口って何だろう？」という問いに「ばか」「うざい」「きもい」といった汚い言葉が次から次へとあふれてきた。言葉の他にも，「暴力」「仲間はずれ」「物を隠す」「無視」といった行為もあがってきた。

「何故，悪口は言いたくなるのだろう？」という問いには，「嫌なことをされたから」「自分のせいばかりにされるから」など，そこには相手への不満の気持ちがある。

「悪口を言われた人は，どう思っているの？」という問いかけには，「相手も怒っている」「いやな気持ち」と言いながらも，言われた相手の気持ちを自分に置き換えて考えるまでには至らなかった。

「悪口を言った後，どんな気持ちがする？」という問いかけには，たくさんの手が挙がり，「最初はすっきりするけど，後でモヤモヤ」「言わなければよかったと後悔する」「もう一生遊んでもらえないかもって不安になる」「言った自分が嫌になる」などの意見が出た。悪口は衝動的に出てしまうが，その後に心の葛藤がある。びっくりするような汚い言葉を平気で発する子どもたちの心は意外にナイーブだった。

最後に「悪口はなくなるのかな？」と問いかけると，「みんなが気をつければなくなるかも…」「いいことすれば，たぶんなくなる」と自信なさげに答える子どもがいると，「短気な人がいる限り，なくならない」と断言する子どもが出てくる。「悪いことしちゃうときもあるけど，お互いが許し合えればなくなると思います」という深い意見が出たところでサークルタイム終了。

❷「悪口」を言う悪魔の心と向き合うワークショップ

心の中を描いたイラストを用いてのグループワークの授業。最初は，悪口を言う心の中を描いたハートのイラスト（右側）の周りに，悪口を言うときの自分の気持ちを書き，その悪口を言われた相手の表情シールを貼っていく。「みんなが言っているからつられた」という自分の気持ちの横には仲間はずれにされたと泣いている相手の顔。「俺は悪くない」と思い悪口を言ったら，「俺は悪くない」と怒っている相手の顔。悪口を言う自分の言い分もあるが，悪口を言われた方にも同じような気持ちがあることに気づいていく。

図３　心の葛藤マップ（右側）

❸天使からのアドバイスを考えるワークショップ

次は，ハートの左側。「悪口」を言わない笑顔で人と接する天使の心になるにはどうしたらよいかを考えて書き込んでいく。そのためには，どのような心が必要か，真心カード（ハートの形をした道徳的価値）を紙の上で操作しながら進めていく。「悪口を言われる人の気持ちを考える」ためには，「思いやりの心」。「悪口を言わないように教え合う」ためには，「正しい心」。「友だちが言ってい

図４　心の葛藤マップ（左側）

てもつられない」ためには，「強い心」といったように，道徳的価値を可視化し，主体的に選択，操作させることで，自覚し実現しようとする意識が育まれる。このようなグループワークにより，一人では注目していなかった道徳的価値に気づいたり，友だちの道徳的価値の実現に向けた考え方を知ったりする。「悪魔と天使の心イラスト」や「真心カード」を話し合いのツールとして用いることで，子どもたちの思考を深化させていくことができる。

❹「天使の心週間」で実践する

今までの道徳の授業では，話し合いにより，道徳的心情を出し合って完結するものが一般的であったが，話し合ったこと，考えたことを意識的に実践することを取り入れた。

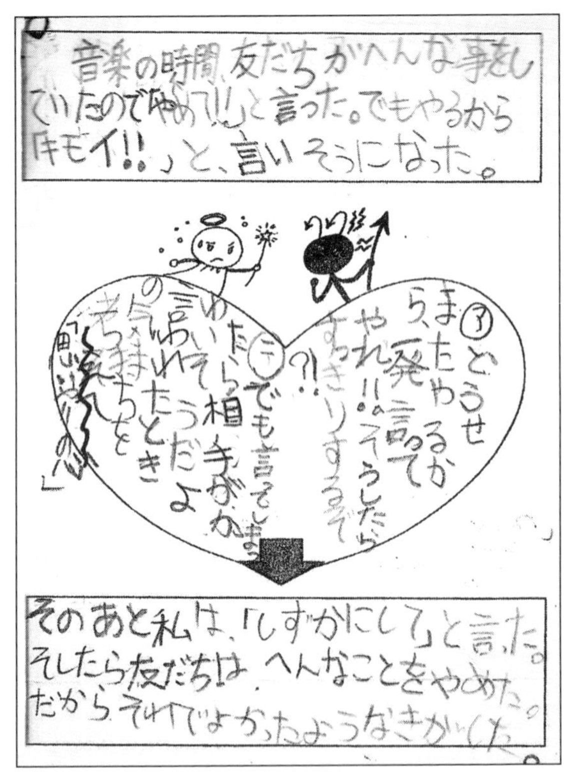

図５　「天使の心週間」記録

「天使の心週間」と名付けて，毎日の生活の中で，悪口を言いそうになったが，天使の心で自分の気持ちをコントロールできたことや，悪口を止めようと試みたが，悪魔の心で言ってしまったことを記録していく。

そのときの状況

↓

心の中の悪魔と天使の会話

↓

行動したこと（結果）

というように，ショートストーリー仕立てで，記入させた。そのとき，どのような心（道徳的価値）を使ったかも意識させるようにした。子どもたちは，自分の中の悪魔の心と天使の心と対話しながら生活し，それを毎日書き表すことを楽しみながら取り組めた。

❺「天使の心週間」を学級で振り返る

前回の道徳の授業から１週間後，再び，「悪口」についての道徳の授業を行う。今回は，「天使の心週間」における心の中の天使と悪魔の会話を物語風にグループ内で発表した。天使と悪魔のペープサートを用いることで，心の中の悪魔のつぶやきを天使が説得するといった自分の心のコントロールを意識することができた。友だちの発表を聞いて「ゆるす心を使った考え方がとても上手ですごいと思った。私もまねしたい。」という感想を書いていた。子どもたちは，悪口を発するもとにある心（怒り，不満，ねたみ等）をどう切り替えていくかを学んでいく。

図６　ペープサートの発表

グループ内での発表後，学級全体での振り返りを行った。グループ内でなるほどと思える発表だった子どもが，みんなの前で発表（天使と悪魔のパペットを用いて）する。子どもたちの実践による気づきを教師がホワイトボードにまとめていく。

・「キモイ」と言いたくなったけど，言ってしまったら相手が傷つくので「思いやりの心」で言わなかった。そうしたら，相手は嫌なことをしなくなった。

・変なことをしている友だちに「キモイ」と言いそうになったが，これを使うと相手を馬鹿にしている気持ちになるので，「気持ち悪いよ」と言った。正しい言葉ではっきり言ったら，相手は変なことをやめた。

図７　パペットの発表

・友だちが私のせいだと責めてきたので，「死ね。この世から消えろ。私の目の前に現れるな。」と言ったら，友だちが怒って，同じ言葉を言い返してきた。そうしたら，すごくいやな気持ちになって，なんでこんな言葉を言ってしまったのだろうと後悔した。

子どもたちは，悪口を言うと，相手も自分も傷つくことを学び，悪口を言う人は，友だちもいなくなり独りぼっちになることに気づいた。また，相手を馬鹿にした悪口はいけないけれども，相手のことを考えてはっきり言うことは悪いことではないという考えをもてた。みんなも自分も気持ちよく過ごすためには，どんな心が大切かを学級全体で確認することができた。

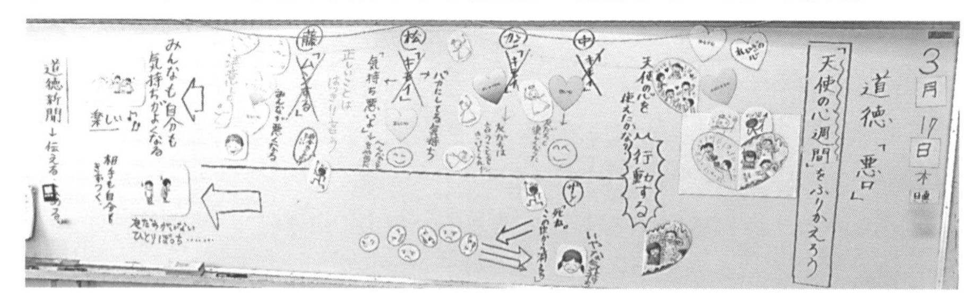

図８　道徳科の学習の板書

6　道徳新聞

本学級では，道徳の授業のまとめとして，「道徳はがき新聞」を作成している。話し合い→行動→振り返り→話し合いという一連の活動を通して，気づいたことや学んだことをはがき新聞にまとめている。

書くことによって思考を整理するとともに，今後頑張ることを宣言できるよさがある。作成した新聞は，校長先生や専科の先生，他学年の各学級にも子ども自ら配付している。配付した先生からお礼を言われたり，ほめられたりすることによって，自分が人の役に立っているという有用感を感じることができる。そして，次の道徳でも新聞を書いて配りたいという思いが芽生え，道徳の授業が主体的な学びとなる。

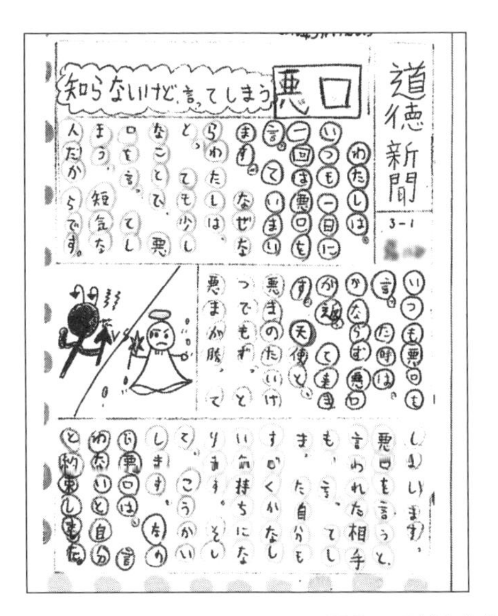

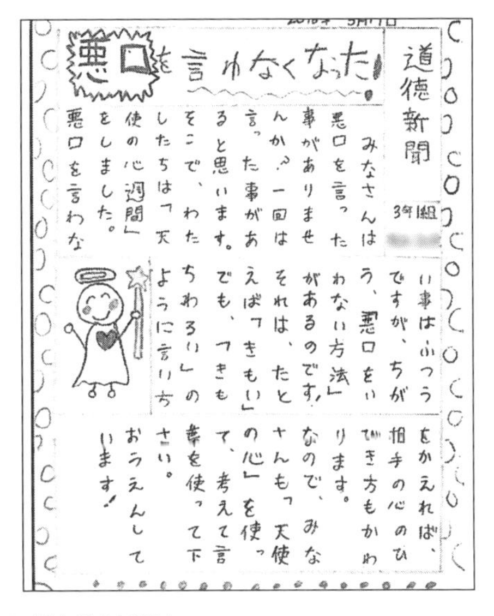

図９　子どもたちの「はがき新聞」

3 道徳物語をつくろう

内容項目：「個性の伸長」（A）
主題：「どうしたら自分の短所を改め長所をのばすことができるだろう」
教材：「ひみつのきもちぎんこう」
（絵本：ふじもとみさと 作，田中六大 絵，金の星社）

1 授業のねらい

❶本実践のねらい

道徳物語をつくる過程を通して，心を成長させるためには何が必要なのかを考えていきながら，自分の特徴を知って短所を改め長所をのばそうとする心情を育てる。

❷道徳的諸価値について理解させる工夫

教材を読み，登場人物の心の成長をさせるために必要なことは何か考えさせる。自分ごととしてとらえたときに，「変わりたいけど変われない」というだれにでもある悩みを皆で共有し，その解決方法を考えていくことで道徳的価値の深い理解につながる。

❸多面的・多角的に考えさせる工夫

国語の「表現を工夫して物語を書こう」と関連させながら，心の葛藤シートや心の成長シートを用いたグループワークにより，心を成長させるためのアイデアを多面的・多角的に考えさせる。

❹自己の生き方についての考えを深めさせる工夫

「道徳物語」の主人公に自分を投影させながら，物語をつくっていくという作業そのものが，自分の心と対話しながら，よりよい生き方を探していくものとなる。

高学年になると，考える力が急成長するとともに，心も変化してくる。周りからの評価が気になったり，他者と自己を比較して自尊心が低くなったりと複雑な感情をもつようになる。だからこそ，道徳科の学習で，自分の心と対話したり，他者と共感したり，他者を尊重したりする活動を多く取り入れることが大切である。生活の中で，何か問題が生じるたびに，どんな心があれば解決できるのだろうかと問いかけ，議論し続けてきた。道徳科の学習だけでなく，学校生活全般において道徳性を培うことを重視した。

そして，５年国語の最後の単元「物語づくり」において，自らの成長や学びを振り返り，それぞれの「道徳物語づくり」を行った。物語づくりという表現活動を通して，子どもたちは，道徳科の授業内だけでは成し得なかった心の葛藤や成長を自覚することができるのではないかと考えた。

2 授業づくりのポイント

ポイント① 国語・道徳の教科等横断的な学習

５年国語の物語づくりの学習を，道徳的視点での物語づくりにさせることで，登場人物の気持ちを深く考えることができる。国語の表現，道徳心の両方が深まるよさがある。

ポイント② 本音で語り合う場の設定

クラス全員で丸くなって語り合うサークルタイムにおいて，物語の根底に流れるテーマ「自分の短所を改め長所をのばすことができるだろうか」を話す。本音で語り合うことで，自分の中の本当の心に気づくことができる。

ポイント③ グループでの物語の練り上げ

個々に考えた物語の構想をグループで論議する。物語の展開が理解できるか，読み手の立場に立っての意見を言い合う。自分の心の中での自由な創造から読み手を意識した作品となる。

ポイント④ 表現活動を通しての自分の心との対話

書くという作業が，思考を深める。それとともに，道徳物語の主人公の心の動きを表現することで，いつの間にか自己の心を反映させている。言葉で表現しながら，自分の心と対話している子どもたちの姿がある。

3　使用するツール・アクティビティ

ツール

❶心の葛藤シート

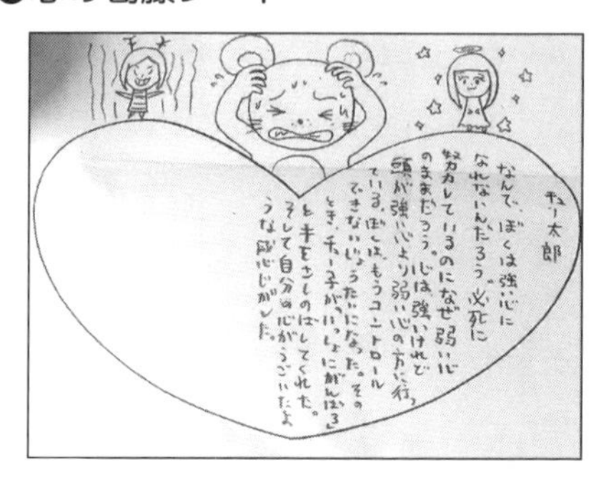

物語の展開を考えるときに，心の葛藤シートを組み込み，主人公の心の葛藤を深く考える手助けとする。

❷心の成長カード（悪魔から天使へ）

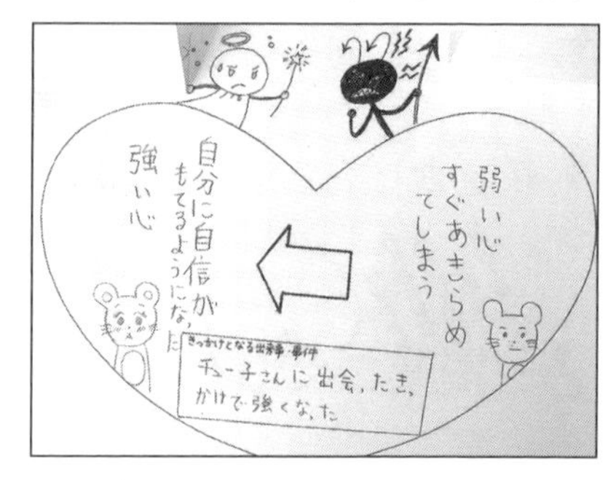

悪魔の心から天使の心に変化することを考えるシート。どのようなきっかけで変わることができるかをグループで話し合うときに用いる。

アクティビティ

❶サークルタイム（高学年版）

「本音で話す」「本気で聞く」というルールのもとで，答えのない問いを全員で丸くなって話す。

❷物語構想検討会議

心の葛藤を取り入れた物語の流れを説明し合い，グループで練り上げていく。説明することで発想が広がる。

4 指導計画

[道徳１時間目]

導　入　アクティビティ①「サークルタイム」学級全員で輪になり，「自分の短所を改め長所をのばすことができるだろうか」について話し合う。

[国語科]

○物語づくりの単元で「主題の心」，物語の設定を決めてから，起承転結のあらすじを考える。

○国語で考えた物語に主人公の葛藤を組み入れることを確認する。(ワークシート①)

○主人公が葛藤することで心が変化することを考える。(ワークシート②)

○アクティビティ②　主人公が葛藤しながら成長していく（人が変わる）ために必要なことは何か，グループでアドバイスを出し合う。(ワークシート②)

○友だちからのアドバイスを受けて，さらに作品を練り上げる。

(制作週間)　表現の工夫について学習し，個々に物語を書き進める。

[道徳２時間目]

導　入　自分たちで話し合って決めた評価観点を確認する。

展　開　完成した道徳物語を読み聞かせし合い，相互評価し合う。評価と感想を書いたカードを渡す。

終　末　グループワークで，友だちの作品の良かった点や役に立った点を全体の場で発表。これまでの学習を通して学んだことを振り返る。

読み聞かせ活動　６年生になって，１年生へ本の読み聞かせをする時間に自分たちの書いた「道徳物語」を活用する。

5 授業展開例

❶高学年のサークルタイム

高学年になると，人からどう見られるかということを強く意識するようになるため，本音を言うのが恥ずかしかったり，友だちの意見を冷やかして照れをごまかしたりする姿が見られる。その特有な雰囲気を解消するために，クラス全員が円になって，答えのない問いを考えるサークルタイムという時間を大切にしている。この時間のルールは２つ。①本音で話す，②本気で聞く。このルールを毎回確認していくことで，ふざけたり，冷やかしたりする子どもがいなくなり，自分の本音を吐露できるこの時間をだれもが楽しみにするようになる。

今回は，物語づくりに向けて「人は変われるか」というテーマで話し合った。努力すれば変わることができるという意見や人は性格が決まっているのだからそう簡単に変われないという意見が出る。正解はないので，それぞれの考えや体験を自由に言い合う。話しているうちに，だれもが変わりたいと思っているが，変われない心の葛藤が見えてきた。このように，人と心を開いて話すことで，変わろうとする気持ちや自分にもできるのではないかという勇気，悩んでいるのは自分だけではないという安心感が育まれていく。

図１　サークルタイム話し合い

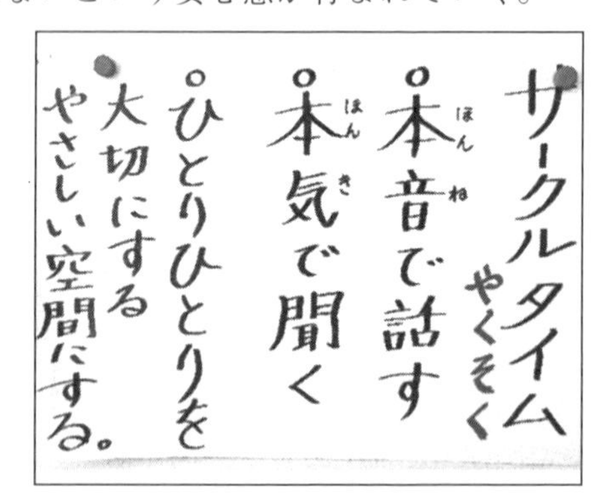

図２　サークルタイムルール

❷「道徳物語」をつくろう

国語（光村図書５年）の学習「表現を工夫して物語を書こう」（５時間単元）

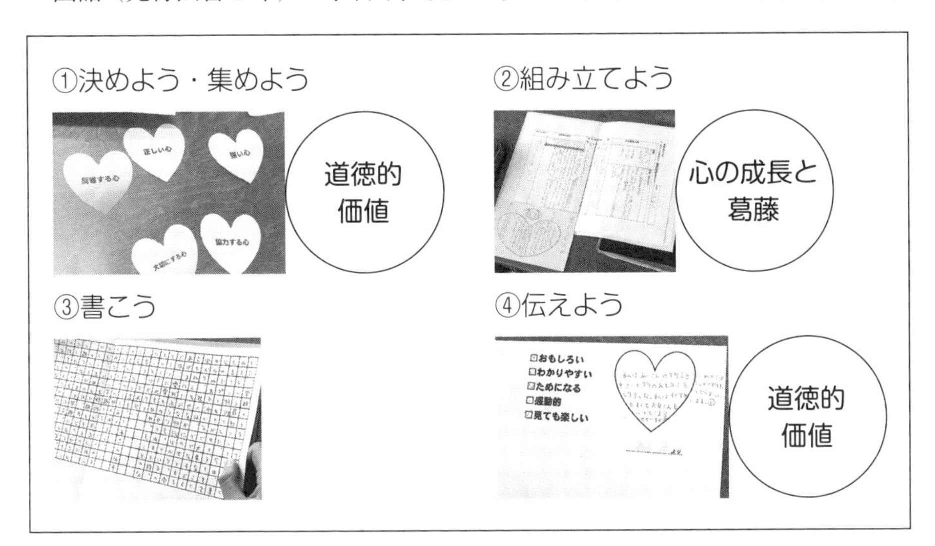

上記の国語の単元の流れに沿って物語を書いていく。①決めよう・集めようでは，教科書の「一枚の写真を選ぶ」を「中心となる道徳の心を選ぶ」という活動に変えて行う。

その心を中心として，「時」「場所」「人物」「出来事・事件」といった物語の設定を考える。

次に，②組み立てようでは，物語の構成を考える。選んだ道徳の心をテーマに起承転結のあらすじを考える。物語の過程で，必ず主人公の葛藤を入れることを条件にした。

主人公の心の葛藤を深く考えることで，物語がいきいきとしてくる。

グループ毎に，心の成長シート（図５）を読み合い，主人公が葛藤しながら成長していく（人が変わる）ために

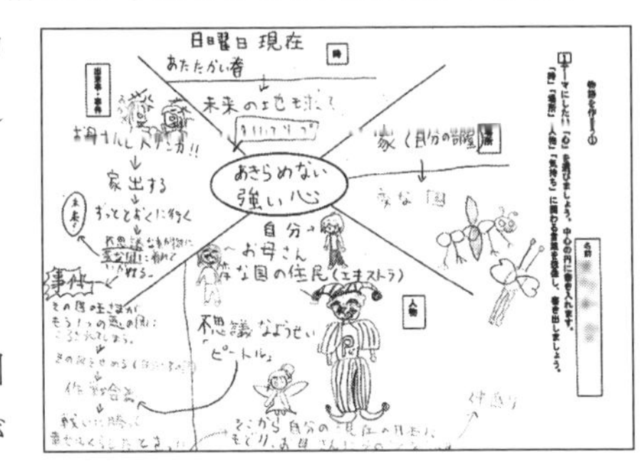

図３　物語構成シート

必要なことは何かアドバイスを出し合う。友だちと協働的に道徳物語を練り上げていく。

図４　心の葛藤シート

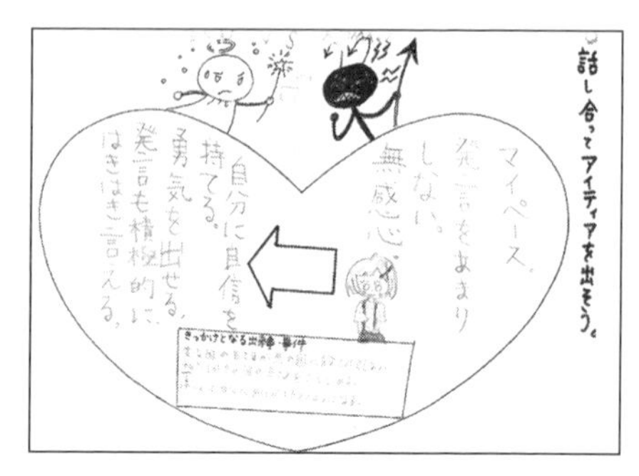

図５　心の成長シート

④伝えようでは，道徳の時間に，完成した「道徳物語」を読み聞かせし合い，相互評価を行う。感想を添えて，カードを交換し合った。このときの評価項目は，「道徳物語」を書くにあたって，どんな物語にしたいかを学級全体で話し合ったときのものである。このときの話し合いでは，「道徳物語」なのだから，ただ面白いだけでなく，読者のためになる，役に立つものにしたいという意見が出た。「ためになる」という観点が，道徳を学ぶことにより，自分の考え方や行動を改善することができるという実感に基づいていることでもある。友だちと練り上げて完成した物語だけに，感想にも思いが込められていた。

図６　物語の読み聞かせ

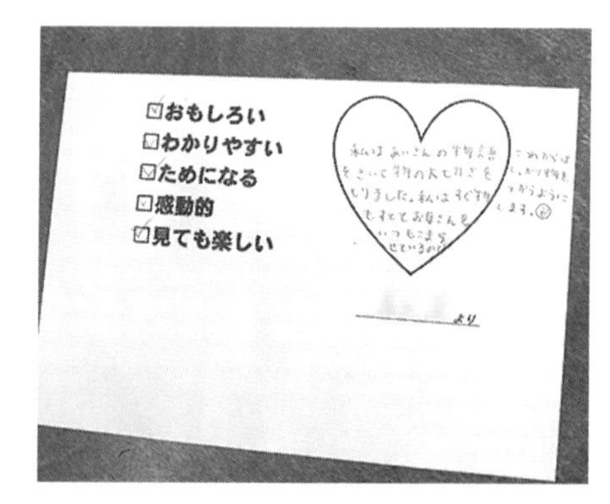

図７　評価・感想シート

6 子どもの深い学び

子どもたちのつくった「道徳物語」の主人公は，イタチ，えんぴつ，ナマケモノ，ロボット，高校生…といった自分たちとはかけ離れた設定が多かった。

主人公の葛藤を入れるという条件を加えたことで，現実とはかけ離れた主人公に自分を重ねるようになる。勇気を出せないえんぴつくん，すぐ怒ってしまう女の子，いつも一人でいるロボット，何をやるのも遅いからナマケモノにされてしまった男の子など，いつの間にか自分の自信のない部分が描かれていた。自信のない自分を変えるために，物語は描かれていく。読み手のために書かれた「道徳物語」は，作者である子どもたちが自分の心と対話して，よりよい道を探す作業でもあった。

「そうか，怒りって自分で消すことも作ることもできるんだ。これを自分でコントロールすることが大切なんだ」（子どもの書いた道徳物語「心の調節機」の一節から）。このような表現活動を通して，友だちとの対話を重ね，自分の心をコントロールしながら道徳的判断をすることを学んでいった。

図８　完成した道徳物語

4 1年生に向けての道徳ワークショップ

内容項目：「よりよい学校生活，集団生活の充実」（C）
主題：「学校生活で必要な心は何だろう」
教材：「道徳力レーダーチャート」（学級の道徳力アンケートの結果）

1 授業のねらい

❶本実践のねらい

1年生のための道徳ワークショップを計画実行しながら，協力し合ってよりよい学校をつくるとともに，自分の役割を自覚して集団生活の充実に努めようとする心情を育てる。

❷道徳的諸価値について理解させる工夫

個人や学級の道徳力レーダーチャートを読み解きながら，6年間の学校生活を振り返り，集団生活を充実させるために必要な心を考えさせる。1年生のお手伝いという体験的な学習を行っていることで，自分の役割を自覚させながら理解を深めさせる。

❸多面的・多角的に考えさせる工夫

座標軸を用い，グループで話し合うことで，それぞれの軸の観点（可能性・必要性）から多面的に問題を考えさせる。また，1年生に向けてという相手意識が，物事を多面的・多角的にとらえて考える手立てにもなる。

❹自己の生き方についての考えを深めさせる工夫

総合的な学習の時間に「1年生に向けてのワークショップ」を行うことで，机上の議論だけではわからなかった心に気づくことができる。1年生に道徳を教えることは，学校という社会の一員であることの自覚とともに社会（学校）をよくしていきたいという人としての生き方へとつながる。

6年生になって一番初めの仕事は，1年生のお世話である。朝登校してからの持ち物整理や学習準備などの学校生活におけるさまざまな作法を１年生に指導する。これは，１年生のための学習のようで，実は，６年生が６年生であるという自覚と責任をもつためのものである。１年生によって，６年生は育てられると言っても過言ではない。この活動を有意義なものにしたいという思いから，１学期の総合的な学習の時間を「１年生のために」というテーマで取り組んだ。ただ１年生のお世話をするのではなく，１年生を成長させるためには，何をすればよいのか，話し合いを重ねながら協働的に取り組んだ。その中で，１年生をより成長させるためには，行動を矯正することでは効果は薄く，心を育てなくてはならないという考えに傾いていった。そして，総合的な学習の時間に道徳的視点を取り入れることを試みた。１学期のまとめとして，１年生に向けての「道徳ワークショップ」を行うことになった。

2 授業づくりのポイント

ポイント① 道徳と総合的な学習の時間の横断的な取組

道徳科の学習と，総合的な学習の時間との横断的な学習とした。道徳科では，心について考えたり，論議したりする活動を行う。

ポイント② 自分の心を見える化

道徳力アンケートをとり，学級と個人の道徳力レーダーチャートを作成。それを子どもに提示することで，自分の心を客観的にとらえさせる。

ポイント③ 道徳とは何かを考えてみる

今回は，あえて１年生の道徳副読本を使用した。読破することで，道徳の全体像が見えてくる。漠然としていた道徳とは何かということが，子どもたちに理解でき，大切な心を意識することができる。

ポイント④ 自分たちで創造する道徳ワークショップ

子どもたち自らが１年生のために道徳ワークショップを創造することで，どうしても受け身になりがちな道徳の学習が主体的な学習になる。グループで企画，準備，発表を進めることで，協働的で深い学びとなる。

3　使用するツール・アクティビティ

ツール

❶道徳力アンケート

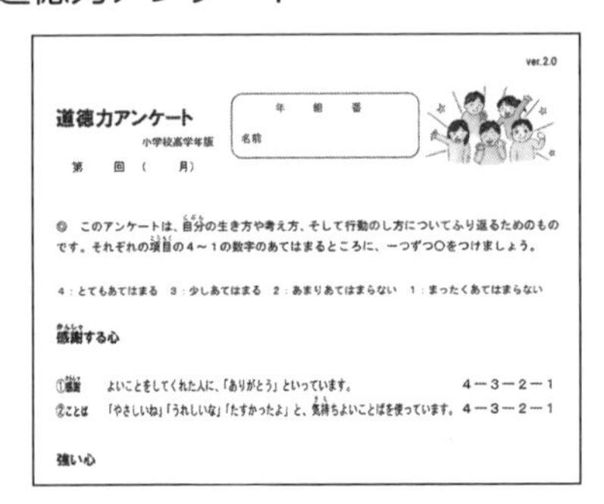
ver.2.0

道徳力アンケート
小学校高学年版
第　　回（　　月）

年　　組　　番
名前

◎　このアンケートは、自分の生き方や考え方、そして行動のし方についてふり返るためのものです。それぞれの項目の4～1の数字のあてはまるところに、一つずつ○をつけましょう。

4：とてもあてはまる　3：少しあてはまる　2：あまりあてはまらない　1：まったくあてはまらない

感謝する心

①感謝　よいことをしてくれた人に、「ありがとう」といっています。　4－3－2－1
②ことば　「やさしいね」「うれしいな」「たすかったよ」と、気持ちよいことばを使っています。　4－3－2－1

強い心

道徳の心の観点毎に，道徳的実践力を問うアンケート
（田中博之　制作）

❷道徳力レーダーチャート

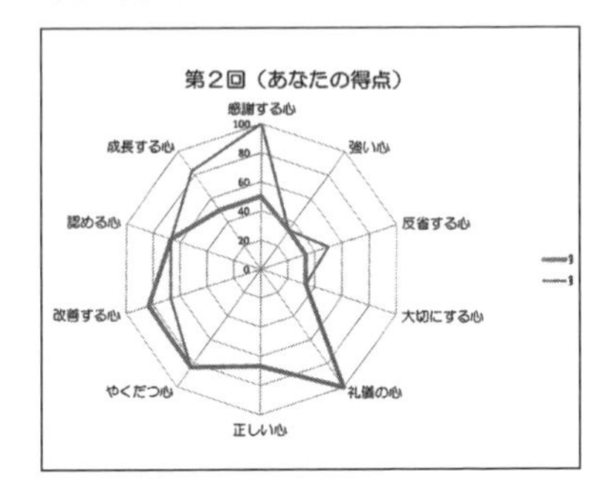

道徳力アンケートの結果をレーダーチャートで表したもの。視覚的に全体のバランスや変化がわかりやすい

アクティビティ

❶グループワーク

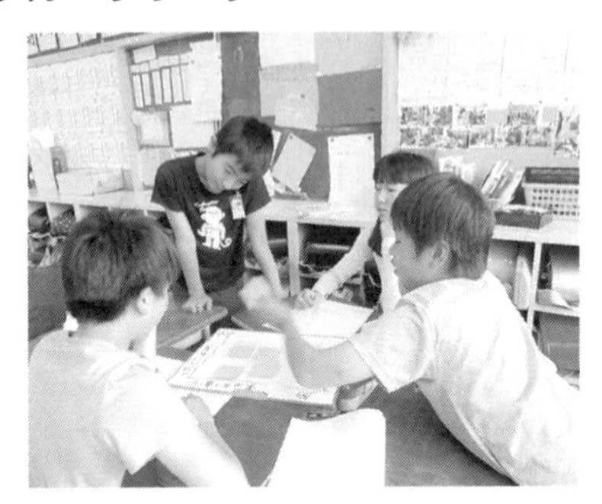

座標軸を用いて，１年生に育てて欲しい道徳の心を話し合うグループワーク

❷ワークショップ

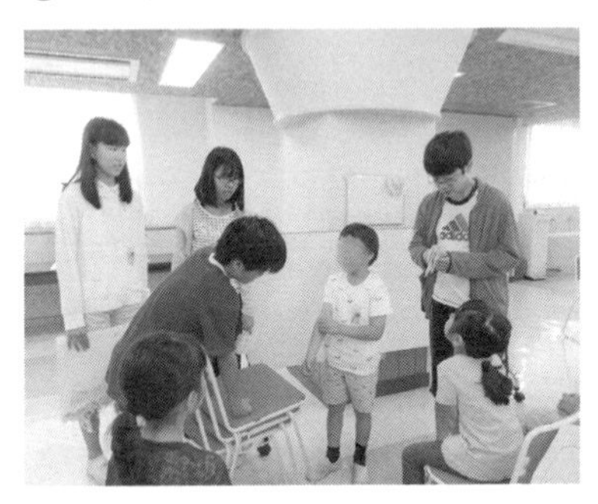

聞き手の参加型の発表。１年生に考えさせることを目的に，道徳ワークショップを企画

4 指導計画

［道徳1時間目］
導　入　道徳力レーダーチャートを見ながら，学級の道徳力を分析する。小学校生活を振り返る。
展開1　アクティビティ①　1年生に育てて欲しい「道徳の心」は何かを班で話し合う。
展開2　班での気づきを発表し合い，選んだ「道徳の心」を育てるためにはどのような取組が必要かを考える。

実践週間　1年生の道徳の副読本を読んで，どのように「道徳の心」を考えさせる工夫を取り入れているかを各自で分析しておく。（宿題）

［総合的な学習の時間1時間目］
展開1　各自の考えを出し合い，1年生に向けて，どのような道徳ワークショップを行うか話し合う。
展開2　「題材」・「方法」・「1年生にこんな姿になってほしい」が決まったら，「考えさせる工夫」をどのように取り入れるかを相談する。
終　末　1年生のワークショップを行う日までの準備計画を立てる。

実践週間　［総合的な学習の時間］グループ毎に準備を進める。全体でも見合い，アドバイスをし合いながら高めていく。
道徳ワークショップ　1年生に向けて道徳ワークショップを行う。

［宿題］
道徳新聞　子ども一人ひとりがこの一連の道徳の授業のまとめとして，はがき新聞を制作する。（振り返り）

配付活動

5　授業展開例

❶道徳力レーダーチャート

個人の道徳力レーダーチャートの用紙を配付すると，子どもたちは，おそるおそる用紙をのぞく。まるでテスト結果を受け取ったときのように，喜んだり，落胆したりするのである。この道徳力レーダーチャートは，「よいことをしてくれた人にありがとうと言っていますか。」といった道徳的な行為をしているかという質問の答えをレーダーチャートに表したものであるが，形になって表現されていることにインパクトがあるようだ。自分で回答したことなので，なぜ，その心が低くなったのかという理由もよくわかっている。「他から見た自分の道徳力がどのようなものなのかがよくわかりました。」と感想を書いていた子どもがいた。可視化することで，自己の心を客観的にとらえることができる。

図1　レーダーチャートを分析

❷1年生に育てて欲しい心

1年生に育てて欲しい道徳の心をグループで話し合った。学級の道徳力レーダーチャートの分析と1年生のお手伝いの経験をもとに，今の1年生にどんな心を育てて欲しいかを考えた。個人の意見を持ち寄り，グループでより大切だと考えられるものは何か話し合った。この話し合いでは，座標軸を用い，縦軸を可能性，横軸を必要性にし，1年生にとって必要性が高く，習得しやすい心を選ぶことにした。道徳の心はどれも大切だが，自分の経験と1年生の実態をもとに論議し，あえて1つ選ぶことにした。

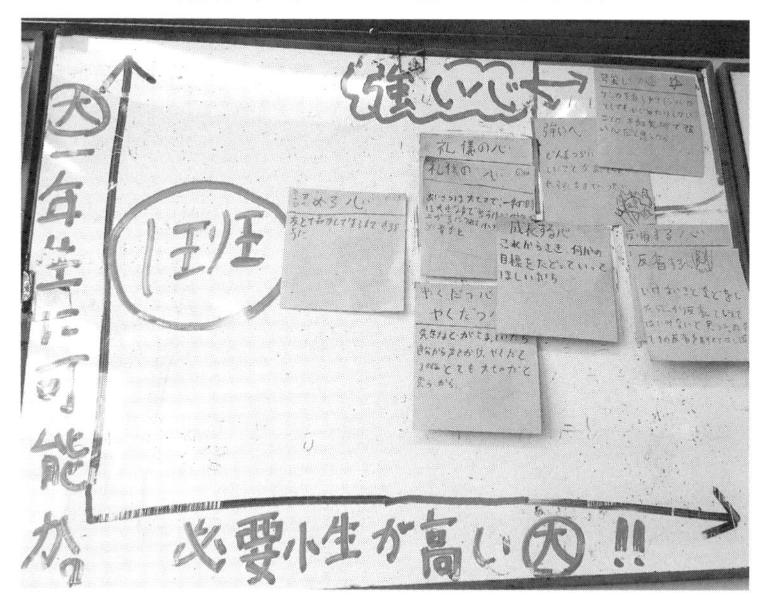

図2　座標軸を用いた話し合い

各グループで選んだ道徳の心を発表し，なぜその心が大切なのかという話し合った過程の気づきを全体で確認した。「6年生の自分たちでもできていないときがあるから改善する心を」「周りに流されていじめをして欲しくないから強い心を」「いろいろな人に守られていることに気づいて欲しいから感謝の心を」。1年生のために考えているのだが，自分自身と重ね合わせていき，自分たちへの願いでもある心になっていった。

図３　グループでの気づきを発表

❸道徳ワークショップを考えよう

１年生に育てて欲しい心を選んだ後に，その心を考えさせるためのワークショップを企画した。テーマとなる道徳の心を中心に「使用する題材・教材」「方法」「考えさせる工夫」「１年生にこのような姿になって欲しい（めあて）」を決めることからスタートした。この話し合いの前に，各自が１年生の道徳の副読本「１年生のどうとく」を読み進め，どのような方法で考えさせているかを分析しておくようにした。この「１年生のどうとく」を読破してみて「自分で答えを導きだすようになっていた。」「学校という集団で生活する上での大切な心がたくさんつまっていた。」「６年生になっても，大人になっても大切な心が１年生にとっても必要だった。」といった感想があげられた。この活動を取り入れたことで，「道徳」とは何かということを子どもたち自身が把握できたようである。

グループ毎に話し合って決めた提示方法は，ペープサート，パペット，劇，紙芝居など子ども自身の手づくりのものであり，楽しんで制作していたが，考えさせる方法に頭を悩ました。楽しませる工夫は，今までの経験から容易に考えついたが，「考えさせる」ということは難しいことを実感できた。「クイズを出しても簡単すぎると考えない。」「なぜ？という部分があると考えるのでは。」「実際に困難なことを体験させた方が実感するのでは。」…とワークショップの準備を進めていく中で，考えを深めていった。１年生のためにという相手意識が，６年生の子どもたちにとって，相手のことを考えて行動するという道徳的実践力を培うことになった。

図４　道徳ワークショップ企画会議

❹道徳ワークショップ

１年生に向けてのワークショップ当日，広めのプレイルームにそれぞれのグループ毎のコーナーを設置し，１年生がグループ毎にめぐっていく方式をとった。「生き物を大切にする心」「言い訳せずに謝ることができる素直な心」「困っている人を思いやる心」「いつもみんなのことを考えて働く主事さんへの感謝の心」「ありがとうなど当たり前のことをきちんと言える礼儀の心」「持ち物を大切にする心」というように，６つのコーナーがそれぞれの心をさまざまな方法でアプローチするので，１年生を飽きさせない。真剣な眼差しで見つめる１年生を前にして，６年生のやる気が高まった。６年生同士で行った練習では見られなかった「何としても伝えたい」という一生懸命な気持ちがあふれていた。その気持ちが伝わり，１年生から，心の込もったお礼の言葉と，国語の勉強でつくったクイズをプレゼントされた。

６年生の最後の感想では，「ぼくたちは，今日大事な道徳の心を教えたけど，ぼくたちにもまだできていない心があります。だから，１年生には，もっと早くそういう心を身につけて，もっと良い落二小をつくっていってほしいです。」と，いつの間にか６年生としての自覚と学校を愛する気持ちが育っていた。

図５　１年生に向けての道徳ワークショップ

❺道徳力レーダーチャートの変化

道徳ワークショップを終えて，２回目の道徳力アンケートを行った。第１回目からの変化を考えたときに，多くの子どもが１年生との関わりが影響していると分析していた。「１年生の心を想像することができるようになったから，自分の心に変化があったのではないだろうか。これからもいろいろな人との交流を深めることで，道徳の心を大きくしていきたい。」と今後の抱負を抱くことができた。

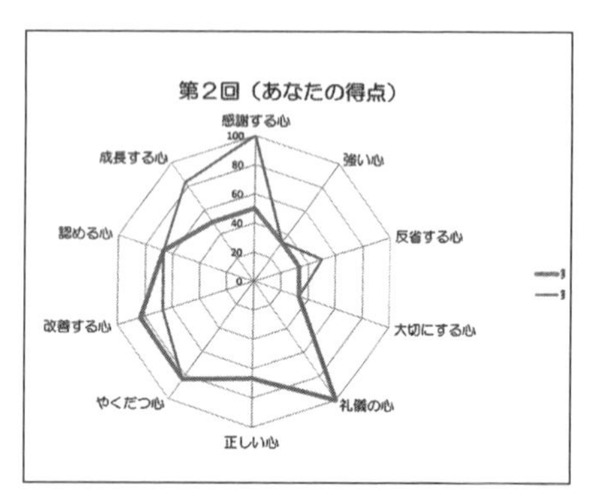

図６　道徳力レーダーチャート

6　道徳はがき新聞

今回の総合的な学習と横断的に行った道徳の授業のまとめとして,「道徳新聞」を作成した。子どもたちの多くが, 1年生に教えるために行ったが, 教えらえたのは自分たち6年生の方だったということをまとめていた。人の話を一生懸命に聞く気持ちや人のために尽くす心, 感謝する心など, 1年生と関わることで気づかされることが多くあった。「思いやりの心は人のためだけではなく, 手伝うことで自分の心を成長させることにもつながると思いました。人のためになることで自分自身を成長させることができます。だから, これからクラスのみんなで助け合いながら, みんなで卒業まで成長していきたいです。」という道徳新聞に記された言葉。道徳は, 人との関わりの中で心を成長させていくものでなければならないと改めて心に留めた。

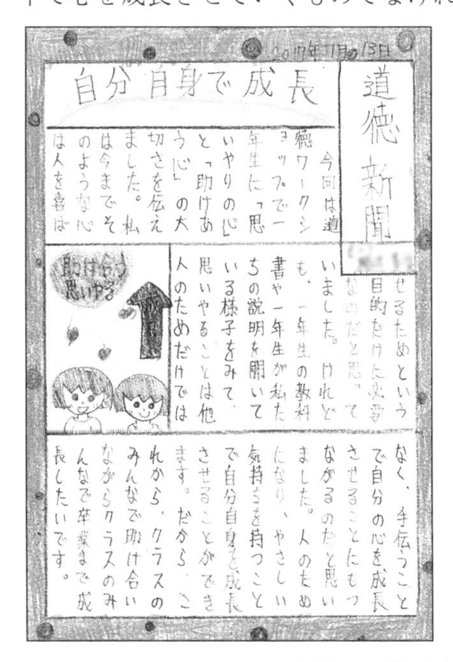

2011年1月13日

道徳新聞

自分自身で成長

今回は道徳ワークショップで一年生に「思いやりの心」と「助けあう心」の大切さを伝えました。私は今までそのような心は人を喜ばせるためという目的だけに必要なのだと思っていました。けれども、一年生の教科書や一年生が私たちの説明を聞いている様子をみて、思いやることは他人のためだけではなく、手伝うことで自分の心を成長させることにもつながるのだと思いました。人のためになり、やさしい気持ちを持つことで自分自身を成長させることができます。だから、これから、クラスのみんなで助け合いながらクラスのみんなで卒業まで成長したいです。

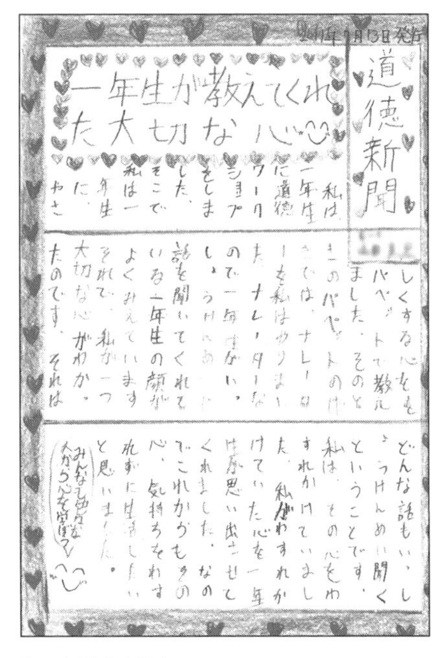

2011年1月13日発行

道徳新聞

一年生が教えてくれた大切な心

私は一年生に道徳ワークショップをしました。そこで私は一年生に、やさしくする心をパペットで教えました。そのときのパペットの[illegible]さんは、ナレーター[illegible]を私はやりました。ナレーターなので一年生が[illegible]。しょうけんめいに話を聞いてくれている一年生の顔がよくみえていました。それで、私が一つ大切な心がわかったのです。それはどんな話も、いっしょうけんめいに聞くということです。私は、その心をわすれかけていました。私がわすれかけていた心を一年生が思い出させてくれました。なのでこれからもこの心、気持ちをわすれずに生活したいと思いました。

図7　子どもたちの書いた道徳新聞

第4章

道徳ツールとアクティビティを活用した中学校の授業プラン

「いいクラス」ってどんなクラス？

内容項目：「よりよい学校生活，集団生活の充実」（C）
主題：「よいクラスとは何か意見を交換し合おう」
教材：「よいクラスとは」（イメージマップ）

1　授業のねらい

❶本実践のねらい

自らの所属する集団の目的や意義とは何か意見を交換し合うことを通して，集団のあり方について多面的・多角的に考えさせ，自分の役割と責任を自覚して集団生活の充実に努めていこうとする実践意欲と態度を育てる。

❷道徳的諸価値について理解させる工夫

イメージマップで，「よりよい学校生活，集団生活の充実」についての考えを深めさせることで道徳的価値の基礎的な理解を基盤として押さえさせる。

❸多面的・多角的に考えさせる工夫

級友と対話し協働しながらKJ法により付箋を整理させ，それを手がかりに考察させて，さまざまな角度から総合的に考察させ，議論を深めさせる。

❹自己の生き方についての考えを深めさせる工夫

人生に関わるいろいろな問題について関心が高くなる中学生の時期に「よりよい学校生活，集団生活の充実」という身近なところから考えさせる。

平成29年版『中学校学習指導要領解説　特別の教科 道徳編』（以下『解説』）の第４章「第３節　指導の配慮事項４　多様な考え方を生かすための言語活動」には，道徳科においても，言葉を生かした教育の充実が図られなければならないことという点が述べられている。さらに［(1)道徳科における言葉の役割］では，「言語活動を生かして学習を展開することが，ねらいを達成する上で極めて重要であると考えられる。」とある。

こういったことをもとに，「自己が属するさまざまな集団の意義について理解を深め，役割と責任を自覚し，集団生活の向上に努める」ことをねらいに，まさに，言語活動を行いながら，新しい見方や考え方を生み出していけるよう，本実践を年度当初に行いたい。

2 授業づくりのポイント

ワークショップ学習の型を与える意味でも，導入段階では複雑になることは避け，できるだけ子どもたちが取り組みやすく行った方がよい。学級目標決めともリンクできるので，まずはここから始めてみることをおすすめする。

「話し合いマニュアル」には，ワークショップ学習で使う話型の他，話し合いの流れが示してあり，生徒はそのマニュアルに沿って話し合いを進めていけばよいだけになっている。また，教師は各グループの様子を見守りながら必要なところに必要な援助だけすれば済み，ファシリテーターに徹することができる。慣れることで子どもたちはマニュアルという型から抜け出し，個性的で創造的な話し合いにより，自己決定できるように成長していく。

話し合いマニュアルがあると…

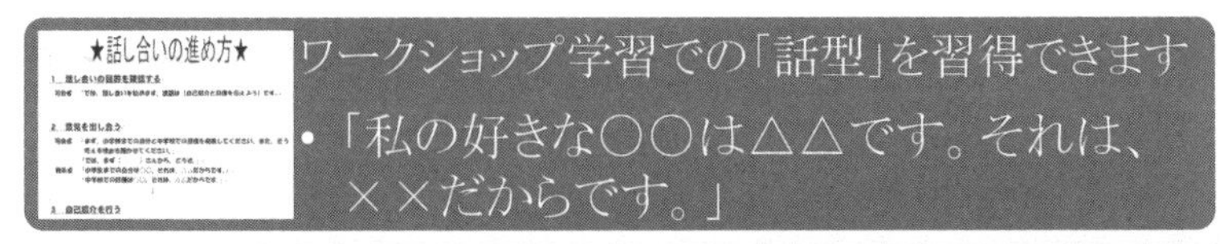

★話し合いの進め方★
ワークショップ学習での「話型」を習得できます
•「私の好きな〇〇は△△です。それは、
××だからです。」

子どもに活動を任せることができます

- 目的～まとめ方までの流れと時間設定を示す
- 担任主導から子ども同士が関わり合う活動へ

担任がファシリテーターに徹することができます

- 必要な支援を必要な分だけ
- 課題把握が容易になり、修正・調整しながら進められる

3 使用するツール・アクティビティ

❶イメージマップ

やり方に関してはさまざまなところで紹介されているので，詳細は割愛するが，初めて行う子どもには，少しだけ支援が必要である。教師が黒板に例示したり，事前に見本を配付したりすると問題なくできるだろう。

さらにここでは，図1のように，中央の「いいクラスってどんなクラス？」というところから，考えるための視点を与えるために，6つの視点を示している。初めて行う場合や，設定したテーマが子どもにとって難しい場合には，こういった支援を考えたい。

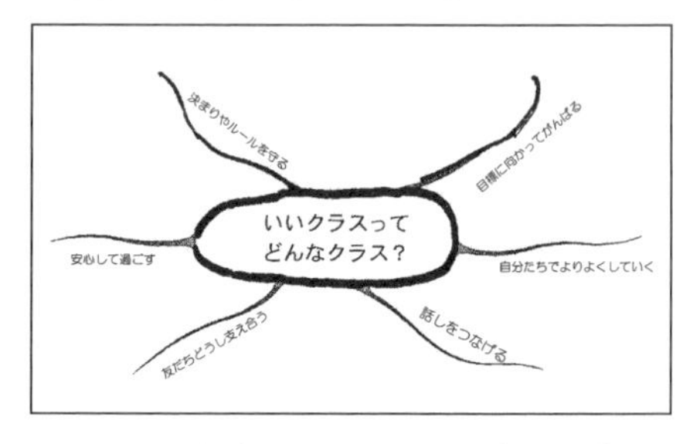

図１　視点を示したイメージマップ

❷ KJ 法により付箋を整理

最初に，イメージマップに書いてきた意見をできるだけたくさん付箋に書かせる。次に，それを一人ずつ出し合い，整理していくのだが，そこで少しポイントがある。話し合いマニュアルにあるように，「同じような内容を書いたふせんがあれば…」というところでは，前に意見を出した（付箋を貼った）人と関連がある場合のみ貼っていく，という点である。もし，次の子どもが関連する意見がなければ，「ありません。」と言い，その次の生徒に発言権を移していく必要がある。関連する意見が途切れるまでそれを繰り返し，全員が「ありません。」という状態になったら，次の意見を出していかなければならない。話し合いマニュアルをよく読んで理解できれば問題ないのだが，ここでつまずくグループが出てくることが予想されるので，うまくいっていないグループが複数あるようならば，一度止めて説明するとうまくいくだろう。または事前に教師が黒板に例示してもよいだろう。

❸学級力アンケート

6領域24項目（中学校版）からなる学級力アンケートの質問項目は，「集団生活の向上」のために必要な道徳性と深く関わりがあり，いわば「学級道徳」ともいえる。いいクラスの姿を自分たちで考えたなら，それを可視化させ，自己診断しながら，よりよい学級を創造していく中で，道徳性を育てていきたい。

4 指導計画

次	時間	主な学習活動	留意点等
1	宿題	いいクラスとはどんなクラスかをイメージマップでアイデアを整理させる。	・一人ひとりの思いや願いを伝え合うことの大切さを意識させる。 ・学級開きの日に，「どんなクラスにしていきたいか」という問いのもと，宿題としてやらせるのも可。
2	5分	考えてきたことを付箋に書かせる。	・事前に書いてきたイメージマップの中から，自分が大切だと思うものから順に書かせる。
	15分	意見の発表	・「話し合いマニュアル」に沿って進めていく。教師は，付箋の出し方が間違っていないか，お互いの発表を傾聴できているか注意し，ファシリテーションしていく。
	15分	グループ分けを行う。	・なぜそう思うかという理由を話し合いながら整理させていく。 「島」のタイトルは少しひねって，個性的なものがよいと奨励する。
	15分	発表	・机間指導を行い，事前に抽出し，数グループ選んで発表させる。
3		共有	・自分たちの思いや願いを共有させ，大切にさせるために，年度末まで常設掲示し，意識を高める。

5　学習指導案（話し合いマニュアル）

◆話し合いの進め方◆司会進行マニュアル

1　話し合いの目的を確認する

司会者「では，話し合いを始めます。課題は【いいクラスって何？】です。」話し合いの目的は，自分たちの学級を，自分たちの力でよりよくするために行うことをいつも意識しましょう。

2　意見をふせんに書く

司会者「イメージマップに書いた『いいクラスってどんなクラス？』を参考に，みなさんが考える，いいクラスの姿をふせんに書いていってください。質より量を求めます。1人最低10枚書いてください。時間は5分です。よーい始め。」

～5分後～

3　意見の発表を行う

それではこれから各自の意見が書かれたふせんを1枚ずつ発表してもらいます。ふせんを発表する際，少し説明を加えてください。ただし，一人で長々と解説することはやめてください。

そして守ってもらいたいルールがあります。「出されたふせんを批判しない」というルールです。「そうだよね…」「うん，うん」とうなずき，共感的な姿勢を見せてください。

ふせんの出し方について説明します。まず司会者の左どなりの人が1枚だけ解説しながら，発表用シートの上にふせんを貼ります（無言で貼っていくのではなく，必ず一言付け加えてください）。簡単な解説が終わったら，時計回りで次の人に移ります。同じような内容を書いたふせんがあれば，「私も似た意見をもっています。」と言って，少しだけ解説を加えて，前の人が出したふせんの近くに自分のふせんを貼ります。なければ，「ありません。次の人お願いします。」と言って順にふせんを出していきます。順番に話題を移しながら，全てのふせんを出してしまいます。

司会者の仕事

司会者は「ふせんの解説をもう少しくわしく教えてください。」と発言をうながしたり，少し長く解説する人に注意をうながしたりすること。そして，みんなが前向きな意見を出し，話しやすいムードをつくることを心がける。

話し合いの目的は，自分たちの学級を，自分たちの力でよりよくするために行うことにあります。ただのわがままを言い合う，何も生み出さないような話し合いにはならないよう，みなさんで気を付け合いましょう。それでは始めましょう。時間は15分です。

～15分後～

4　グループ分けする

似たような意見が島のようになっているはずなので，まずはペンで境界線を引いて，次に島のタイトルを上に書いていきましょう。

5　発表の準備をする

書いてあることをただ読むのではなく，自分たちのグループの話し合いで出てきた内容を，みんなに伝えることを意識しましょう。島の全てを発表するのではなく，話題の中心となった島を2，3個選んで説明するようにしましょう。

6 授業展開例（本時）

KJ 法により付箋を整理していく。ここから話し合いにより再整理をしていき，関連する意見の付箋同士を島としてペンで囲み，タイトルをつけていく。ここでは，「○○って，こっちの方がよくない？」とか「△△と××は関係あるから，こっちに移動させよう。」というように，最初に出された個人の意見を，合意形成を図りながら再整理していく。その後にタイトルをつけていく際は，子どもに個性的な名前を考えることを推奨して欲しい。遊び心をもってネーミングした島には，愛着がもてるし，何よりこの活動自体を楽しんで行えるようになるからである。筆者がグループで学習活動を行う際に気をつけていることの１つに「楽しんで行えたか」という点がある。「どんな学習をし，何を学んだか，どう成長したか」という点はもちろん大切なのだが，「だれと学び，それを楽しめたか」という視点を大切にしたいと思っている。道徳科に限らず，その子どもにとって仮に学習内容の理解が難しく，興味・関心がもちづらいようなことがあったとしても，「友だちがいるから，頑張れるな。」「友だちと一緒にやるのは楽しいな。」と思わせ，子ども同士の親和関係の構築，子ども同士の横糸を紡ぐことが教師から子どもへのプレゼントなのかもしれない。

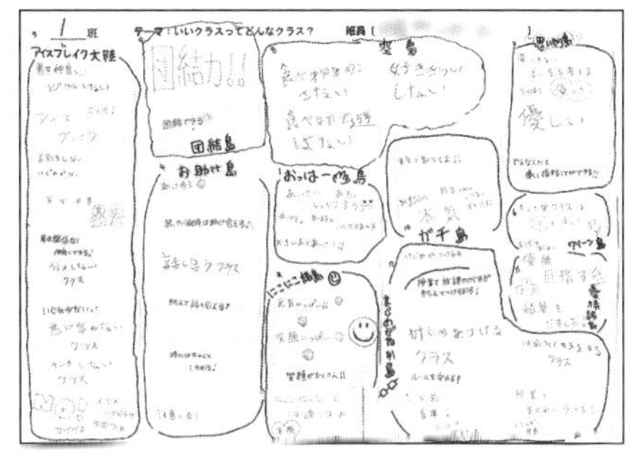

図２ 「島」の完成例

＊発表

できあがった作品や書いてあることを読むのではなく，話し合いで話題の中心となったことを押さえるように指示する。発表は全グループが行えるのが理想ではあるが，早く終わったグループや，ユニークな視点があるグループを２つほど教師が指名してもよい。発表できなかったものは，学級通信で紹介したり，短学活で発表してもよい。できあがった作品は，可能なら１年間掲示したい。筆者は，縮小カラーコピーしたものをラミネート加工した上で，教室背面に常設掲示している。そして学級を閉じる段階で，再び同じメンバーで座らせ，それを見ながら，自分たちのクラスの１年間を振り返らせている。つまり，「いいクラスとは，どんなクラス？」と１年間の初めに子どもに問いかけたなら，１年間の終わりには「どんなクラスになった？」と問い，自分の行動を評価させる必要があるのである。

こういったことを，「学級力アンケート」を使いながら行っていくと，より可視化でき，効果的である。これは「自分の考えや意見を伝える表現力が未熟な場合には，他の領域との連携により，学級活動の時間等で表現の技術を向上させたりする取組を意図的，計画的に行い，道徳科が，その特質を十分生かせるよう工夫してもよい。」（『解説』第４章　第３節　４［（３）新しい見方や考え方を生み出すための留意点］）とあることからも，道徳科において積極的に取り組んでみたいところである。

図３　教室掲示の様子

7　指導と評価

学級活動で取り組む「学級力向上プロジェクト」を道徳科で「心」の面からとらえる実践も年間を通して行っていくと効果的である。

期限を設けて，「自己評価週間」のようなものを行い，自分が選択した真心カードの表には，「自分の心の成長という観点で16個の中から選んで書いてごらん。」という形でまとめさせ，

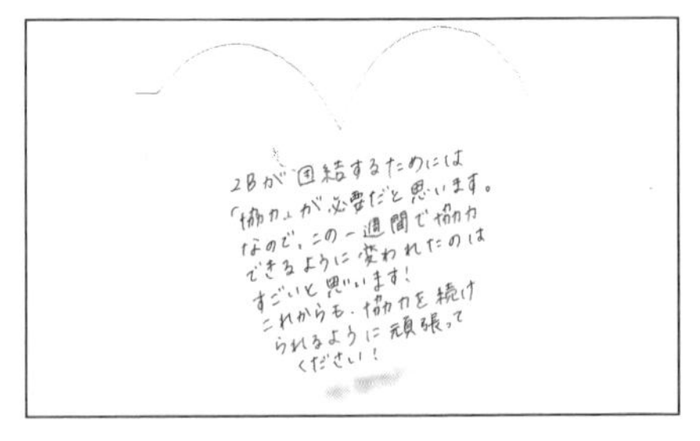

図４　コメントを書いた真心カード

１週間ペアだった子に，「真心カード」の裏側に「一番近くで見てきたからこそわかることや，応援メッセージを書いてあげよう。」と投げかけて書かせる（座席が隣同士のペア活動で行うとよい）。

＊自己評価週間

個人の目標に対する自己評価を１週間限定で行う。ＡＢＣの３段階の評価基準を各自設定させ，自分が何をどれだけやればよいかを明確にさせる。帰りの短学活で「自己評価」と「反省・感想・明日への意気込み」の欄に記入し，隣の席の生徒と用紙を交換し，ペアの相手の「応援メッセージ」の欄にコメントを書かせる。それを回収し教師が「先生より」の欄に朱書きを入れることで励ましとなるようにする。これも生徒に毎日意識させることで，意欲づけをねらったものである。ペアの生徒が何を書いてくれるか，教師が何を書いてくれるか，という期待感をもたせることで，自己評価のみでは得られない刺激や感動をもたせることができる。

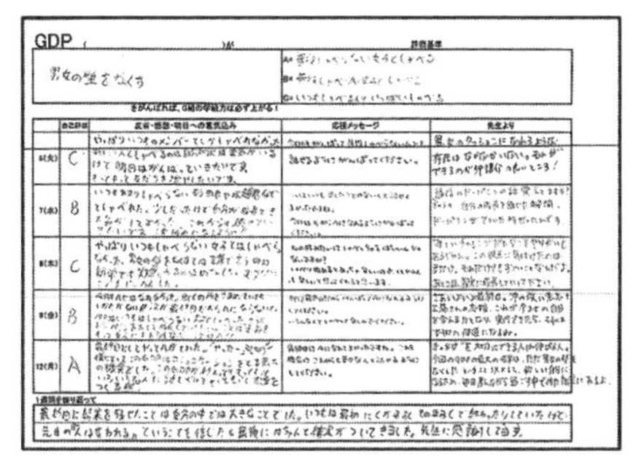

図５　自己評価週間　振り返り用紙

〈生徒の振り返り「１週間を振り返って」より〉

・目標を設定し，評価することで，普段あまり手を挙げない教科も少しずつ発言できるようになった。
・授業を真剣に受けると，いつもより内容が覚えられた気がして良かった。今後も続けていきたい。
・初めの１日以外，全部Ａにすることができた。けじめをつけると授業がしっかり受けられることを実感した。これからこの紙がなくてもしっかり続けていきたい。
・意識をすればやることができる。しかし少し忘れると，ついやらなくて済むのなら，やりたくないと思ってしまう。そんな自分が情けないと思いつつも，そのまま通した１週間。せっかくの機会だったのだから，できれば直したかった。

最後の生徒は,「何事も積極的に取り組む」という目標を立てていた。何事も前向きに取り組む生徒で,自分に対しても周りに対しても厳しい面がある。授業の反省では,「音楽の歌」,「体育のプール」,生活面の反省では,「掃除」,「給食の配ぜんの手伝い」と広い視野で物事を考えることができていた。毎日の自己評価は５日間ともＢだが,この１週間はいつもより掃除を頑張る姿や,ボランティアで給食の配ぜんを手伝う姿を見ることができた。

次項より「真心カード」を使用した「心の関係図」の実践紹介に移るが,その前に,「真心カード」を学級に導入するための簡単なアイデア集を紹介しておきたい。

＊「○○のために必要な心は何？」という形で,真心カードを使って子どもに道徳価値を選択させる使い方

実践例①：帰りの会での日直の反省の視点として

帰りの会で,「今日見つけたステキな心」の発表をさせる。選んだ理由やメッセージ等を書いて,名前を記入。輝いていた個人,クラスの様子を見つけ,発表することで,帰属意識が生まれ,仲間に見守られている安心感,認め合い,高め合っていく学級の風土づくりにつながる。

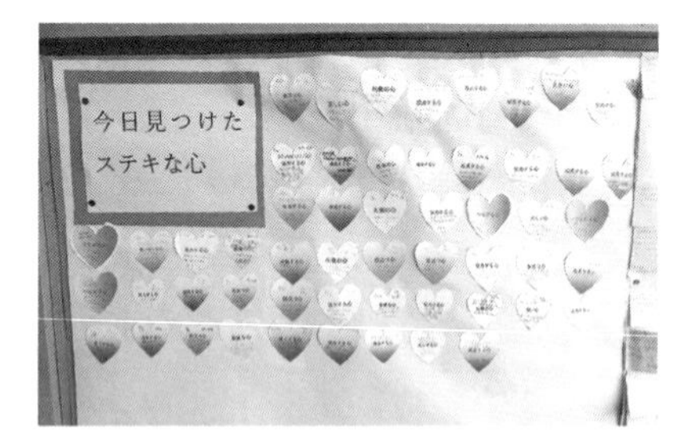

図６　ステキな心の掲示物

実践例②：行事の振り返りの視点として

行事を通して,自分（学級）が成長した心とその理由を書かせる。行事の反省に「心」という視点を与え,自己を見つめさせるきっかけとなる。真心カードを選ぶまでより,選んだ後からの方が,内省が加速していき,新たな気づきを見つけることができるようになる。はじめは,思いつきでカード選びをするが,可視化,焦点化されることで,考えが深まっていく様子が実感できる。

実践例③：学級力アンケートの分析の視点として

学級力アンケートの結果を振り返り,今後最も伸ばしたい項目とそのために必要な心は何かを考えさせる。

さらにアイデア次第でこんなに個性的に活用する方法もある。

実践例④：部活動でのミーティングに

『女子バレーを取り扱ったドキュメント番組の視聴→登場人物になったつもりで成長したと思われる「真心カード」を選ばせ理由を記入→話し合いで共有』

その後，自分自身がバレーボールを通して成長させたい「心」について選択し，決意を書かせ，自分の部活動ノート（練習内容や試合の反省を書くもの）に貼らせる。今後自分が成長を実感できるようなことがあったら，その横に書き込ませる。

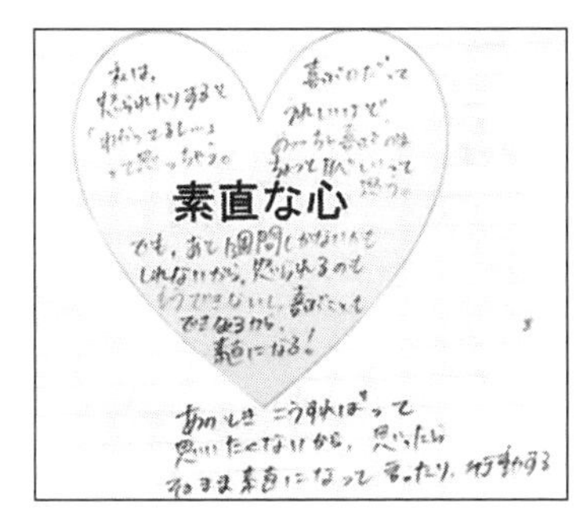

図7　真心カードの例

視聴した番組内の登場人物の気持ちになることで，客観的に「心」をとらえ，意見交換できていたように感じた。中学生くらいになると，自分のことだと照れや恥ずかしさが出る時期でもあるので，入門編として効果的である。急に雨が降って，外での活動が…という際にも，ビデオと真心カードさえあれば，すぐにできる。

実践例⑤：「裏」があるから面白い

真心カードをハート形に切り抜くのではなく，1㎠ほどの「耳」を残して切り取ることで，貼った際にも裏面が活用できる。どの実践，どの活用方法でも可能。裏側には，その心がないとどうなるかといった，ネガティブ要素を書かせる。「心の裏側」は表に表れにくい。きれいごとで終わらせないためにも，両面で考えさせて自分の考えを正直に綴ることは大切。そして，そういった本音が安心して表現できる学級にしておくことは，もっと大切である。

この他にも実践される先生方が工夫され，アイデアあふれる実践を期待したい。

本当の友だちって何？

内容項目：「友情，信頼」（B）
主題：「友情とは何か意見を交換し合おう」
教材：「本当の友だちとは」（イメージマップ）

1　授業のねらい

❶本実践のねらい

友情とは何か意見を交換し合うことを通して，互いの個性を認め，相手への尊敬と幸せを願う思いが大切であることを理解させ，豊かな人間関係が築いていこうとする実践意欲と態度を育てる。

❷道徳的諸価値について理解させる工夫

「心の関係図」づくりを通して「友情，信頼」と関連が深い，他の道徳的価値からとらえ直させることで，さらなる理解へとつなげる。

❸多面的・多角的に考えさせる工夫

「真心カード」により，道徳的諸価値を可視化することで，多様な側面や角度から考え，議論をブラッシュアップできるようにする。

❹自己の生き方についての考えを深めさせる工夫

「心の関係図」づくりで人間についての深い理解を行う中で，道徳的諸価値が必要となってくる具体的場面を想起させたり，「はがき新聞」づくりで自己の体験を振り返り，どのような生き方を志向していくかを書かせたりする。

学年を問わず，年度当初に最適な実践である。新しい学級になり，子どもたち自身もお互いの人間関係に対して様子を伺っている時期でもある。そのような時期だからこそ，「話し合いマニュアル」に沿いながら，体を動かして行える実践型のワークショップ学習を行うと効果的である。ここからは，「真心カード」を使い，「心の関係図」をつくっていく実践である。

最後に，自分の道徳的実践につなげていくために，「はがき新聞」づくりを行う。これにより，生徒自身が道徳的成長を実感できることをねらいたい。

2 授業づくりのポイント

子どもが問題解決的な学習の中で級友や保護者などさまざまな人と交流し，道徳的実践のあり方を個性的・創造的に自己決定できる学習を目指したい。そのためのポイントとして，以下の３点を挙げておきたい。

可視化：「話し合いマニュアル」で活動の目的や流れを整理。付箋に書き出すことで，それぞれの意見をわかりやすく発表できるようにし，「真心カード」で道徳の価値項目への気づきと認識の深まりをもたせる。

操作化：付箋，「真心カード」を手で動かし，討論し，合意形成を図る中で，ワークショップにおける「身体性」「共働性」の要素を取り入れる。

言語化：「はがき新聞」づくりや，「心の関係図」づくりで生徒の個性豊かなアイデアを表現できる「創造性」の場を用意する。

3 使用するツール・アクティビティ

❶イメージマップ

〈６つの視点例〉

・友だちを得るために必要なことは　　・友だちの良いところは？

・友だちのためにできることは　　・もしいないと…

・友だちでいるために気をつけていることは？　　・どんな存在？

❷話し合いマニュアル

❸真心カード

道徳の内容項目をやわらかい言葉で表現した18種類のカード。これにより，子どもが道徳的価値の可視化・操作化・言語化が可能になる。Ａ４用紙１枚につき６種類印刷すると，３枚で１セットになる。

使用する際は，そのまま子どもに渡し，はさみで切らせて使わせたい。作業を伴いながら話し合い活動を行うことで，お互いの視線が外れ，緊張が解ける。切り抜く作業を行うというだけのことで，それまであまり話し合いに積極的でなかった子どもも，はさみを使ってハートの形を切り抜きながら，テーマについて話すようになることがある。雑談のような状況で，「結局，平等ってどういうことなんだろう。」「なんか，機嫌が悪いときに八つ当りしちゃうときがあるけれど，それも上下関係があるからだよね。」というような，本音を話していることがしばしばある。「チョキチョキ効果」と名付けている，ワークショップの身体性が発揮され，作業をしながら，視線がずれることで本音を引き出せる効果がある。

❹心の関係図

子どもたちの学級や学校，そして家庭や社会の動きの中で，道徳的な課題となることを取り上げて，それについて道徳的判断を行い，望ましい道徳的実践につなげていくために，複数の価値項目の関係性をグループでの協働作業により整理していく。

❺はがき新聞

書くための視点を与えるためのワークシート（設計図）を与え，事前に3段構成の見出しを考えさせて書くことで，教師のねらいを反映した質の高い作品が揃う。生徒の個性豊かなアイデアを表現できるよう，彩色やレイアウト等は「型」を破り，子どもの創造性が発揮できるように奨励したい。

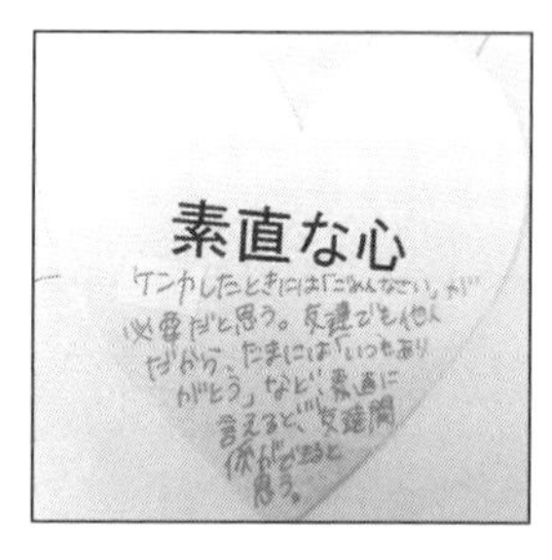

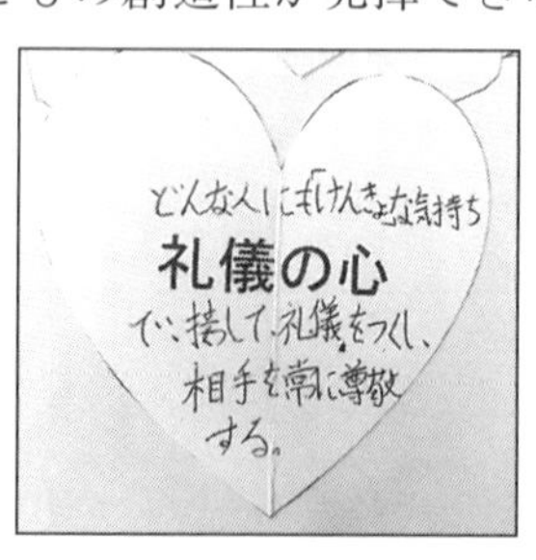

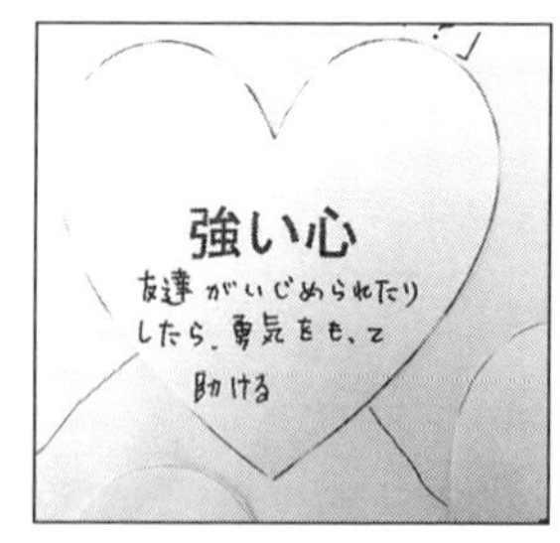

図1　心の関係図内の真心カード例

4 指導計画

次	時間	主な学習活動	留意点等
1	宿題	本当の友だちとは何かをイメージマップでアイデアを整理させる。	・一人ひとりの思いや願いを，伝え合うことの大切さを意識させる。 ・家庭で保護者等にインタビューさせてくると，アイデアが広がる。
2	10分	意見の発表	・「話し合いマニュアル」に沿って進めていく。教師は，ハートの中にバランスよく書けているか，お互いの発表を傾聴できているか注意し，ファシリテーションしていく。
	20分	「心の関係図」づくり	・中央のハートに書かれた意見を心の面からとらえていく。 ・関連する「心」同士が近くに配置できるよう，のり付けは最後に行わせ，「真心カード」を操作させながら，関係性を考えさせる。
	10分	発表の準備	・グループとして強調して伝えたいことを３点に絞らせる。 ・「心の関係図」づくりがまだのグループは引き続き行わせる。
	10分	発表	・机間指導を行い，事前に抽出し，数グループ選んで発表させる。
3	宿題	「本当の友だちとは」というテーマで，はがき新聞形式でまとめさせる。	・書くためのワークシートを利用し，書く視点を与える。

＋１時間　「はがき新聞発表会」（第４章４参照）を行って，共有する。
（はがき新聞づくりを宿題とすれば，上記の時間内に行うことができる。）

5 学習指導案（話し合いマニュアル）

◆話し合いの進め方◆司会進行マニュアル

0　役割を決める

司会者（　　　　　　　　）発表者（　　　　　　　　）関係図に書き込む人（　　　　　　　　）

1　意見の発表を行う（10分）

それではこれから各自がイメージマップで整理してきたことを発表してもらいます。発表する際，必ず少し説明を加えてください。ただし，一人で長々と解説することはやめてください。

そして守ってもらいたいルールがあります。「出された意見を批判しない」というルールです。「そうだよね…」「うん，うん」とうなずき，共感的な姿勢を見せてください。

意見の出し方について説明します。まず司会者の左どなりの人が１つだけ解説しながら，発表します。簡単な解説が終わったら，時計回りで次の人に移ります。同じような内容の意見があれば，「私も似た意見があります。」と言って，少しだけ解説を加えて，発表してください。なければ，「ありません。次の人お願いします。」と言って順に意見を出していきます。順番に話題を移しながら，全ての意見を出してしまいます。関係図に書き込む係の○○さんは，出された意見を中央のハートの中に書いていってください。

司会者の仕事

司会者は「意見の解説をもう少しくわしく教えてください」と発言をうながしたり，少し長く解説する人に注意をうながしたりすること。そして，みんなが前向きな意見を出し，話しやすいムードをつくることを心がける。

話し合いの目的は，ここにいるみなさんそれぞれの「本当の友だち」に対する考え方を共有するために行うことにあります。説明もなく意見を言っていくだけにならないよう，みなさんで気を付け合いましょう。それでは始めましょう。時間は10分です。

2　心の関係図をつくる（20分）

中央のハートの中に書いた意見を，心の面からとらえます。その意見と関連が深い心や，その意見のために必要な心は何でしょう？　関連するもの同士を近くに配置し，中央のハート内の意見から線を引いて結び，関係図をつくります。もちろん理由も書き込んでいきましょう。ハートカードの中には，自分たちがイメージできるような具体的な場面を書くとわかりやすくなります。理由は線の上に，場面をハートカード内に書いて，心の関係図をつくりましょう。時間は20分です。

3　発表の準備をする（10分）

班としてどの点に重点を置いて発表するか整理し，発表の練習を行う。話題の中心になったことを２，３点しぼって，紙に書いていないことを伝える。

4　発表（10分）

クラスの仲間に自分たちの考えを伝える。

伝えるために必要な「声の大きさ」「スピード」「ゆっくり，はっきり」「熱意」「伝えようとする気持ち！」

6　授業展開例（本時）

❶意見の整理

ここでは付箋でのワークショップ同様，イメージマップを使って個人で考えを広げていることを，一人ひとり発表していく。違いはワークシート中央のハート内に，意見を書いていく点にある。したがって，「関係図に書き込む人」という役割が必要になるのである。書き始めの位置や，文字の大きさに細かな取り決めはないが，図２の完成作品のように，ハート内がバランスよく埋まるよう，調整しながら書き込んでいくことを注意させたい。

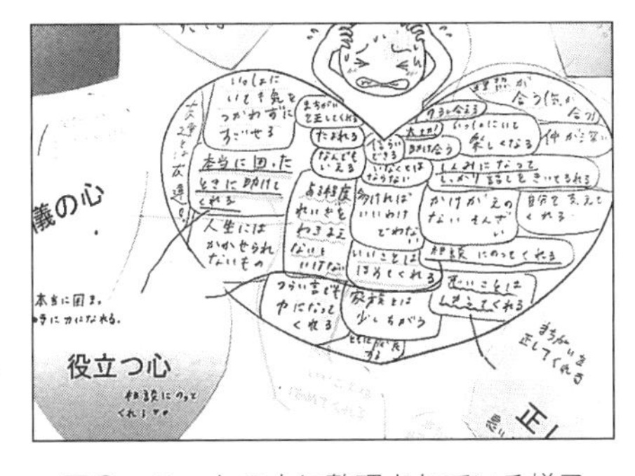

図２　ハートの中に整理されている様子

❷「心の関係図」づくり

道徳ワークショップの最大の山場がここにある。「本当の友だちとは何か」という子どもにとって身近な道徳的な課題を，「心」と関連づけて考えさせる。「真心カード」があることで，子どもは道徳的価値を可視化でき，「○○と△△は関連がある。」だとか，「××するためには，○○の心が必要。」というように，カードを動かしながら，話し合いを行うことができる。

関係図をつくることは大切なのだが，このツールがあることで，子どもの本音が引き出せ，道徳的判断，道徳的実践につなげていく学びとなることの方が大切である。グループによっては，時に話し合いが深い方向に向かい，時間内に関係図を仕上げられないこともあるが，様子をよく観察し，ファシリテーションしていきたい。

❸「はがき新聞」づくり

「友達って何？新聞」を作ろう！

書く内容を決めよう

こんなのを
入れてみよう！

●自分の「友達観」before after（授業前後）
○自分と友達、保護者との「友達観」の共通点、異なっている点
○友達イメージマップの６つの枝（↓のテーマから１つ選んで↑との合わせ技でもいいね）
・友達を得るために必要なことは？　・友達のためにできることは？　・どんな存在？
・友達の良いところは？　・友達でいるために気を付けていることは？　・もしいないと…
○自分の体験談（なかなか書きにくいかな…）その人にしか書けない内容は記事に説得力、重みが加わります！

はがき新聞の顔は「見出し」！

３段をどう構成するか考えよう。一番伝えたいことをコンパクトに表現

1段目
2段目
3段目

「新聞の基本」＝逆三角形の法則

図３　書くための視点を与えたワークシート

7　指導の工夫・評価の実際

関連して，いじめについて考え，はがき新聞にまとめる実践も取り組んでみたい。道徳の特別の教科化の大きなきっかけは，いじめに関する痛ましい事案だった。今日的な問題として，学校の教育活動の中心において取り組まなければならない問題である。大臣諮問には以下のようにある。

> 現実のいじめの問題に対応できる資質・能力を育むためには，「あなたならどうするか」を真正面から問い，自分自身のこととして，多面的・多角的に考え，議論していく「考え，議論する道徳」へと転換することが求められています。
> （「いじめに正面から向き合う『考え，議論する道徳』への転換に向けて（文部科学大臣メッセージ）について」（平成28年11月18日）より）

本実践は，いじめについて自分自身のこととして考え，級友と考えを深め議論していくことで，最後は自分の具体的な行動を意思決定していくものとなっている。

1	自分の考えをまとめる。
2	友だちの考えに触れる。
3	複数の道徳的価値の葛藤や衝突がある話し合いをする。
4	「私の宣言」としての「はがき新聞」にまとめる。

＋１時間　「はがき新聞発表会」（第４章４参照）を行うとさらに深まる。

＊自分の考えをまとめる

はじめにワークシートに次の２点について考えさせ記入させる。複数の道徳的価値の葛藤や衝突がある話し合いが行えるよう①「仲の良い友だちがいじめを受けていたらどうしますか？」という問いと，より具体的にイメージできるよう，真心カードを利用することで18の価値項目を可視化し，②「いじめについて考えるときポイントとなる心は何？」という２点で考えさせる。その他にも①では，「いじめとけんかの境界線は何？」や「イジリといじめの違いは何？」というものでも可能なので，各学級の実態に即して使い分けていただきたい。

＊複数の道徳的価値の葛藤や衝突がある話し合いをする

この段階は，この実践を行う際の学級の育ち具合により，内容の充実度は変わってくることが予想される。筆者の最新実践（中学校１年生の５月）では，意見交流程度で空欄になっている班もいた。たとえそうであったとしても，割り切って気にせず次の段階に進ませればよいと考える。中学校２年生での実践では，

Ａ：自分がだれかよりも上に見られたい，ということでいじめるんでしょ？　その人よりも強いってわかるために。勉強でもそうじゃん。この子には負けたくないとか，あの子よりも点数を取りたいとか。人間ってそうじゃん，だれかより上にいたい，だれかの上に立ちたい…。
Ｂ：勉強にはそういうのはないかな？

A：う〜ん…。
C：そんなのただの嫉妬やねたみじゃん。
A：そう！　だからそこから始まるんじゃん。
C：それが集団だったらいじめ？　一対一ならけんか？

というやりとりも見られたので，「話し合いがうまくいかない」「意見がなかなか出ない」等のような心配はしなくても，こういった話し合い活動を続けていくことや，安心して本音で語ることができるような「しかけ」を施していくことが大切である。

＊「私の宣言」としての「はがき新聞」にまとめる

子どもに「はがき新聞」を書かせようと思ったとき，何をどう指導すればよいか不安に思われる方もいるだろう。筆者が同僚に紹介するときは，「見本を見せて，マネして書いてごらん。という一言だけでも何とかなるよ。」と言っている。事前に考えを整理させ，はがき新聞の３段をどう構成するかを決めさせておくと，教師のねらいを反映した質の高い作品が揃う。「●はなるべく入れて，残りは○から選ぼう。」と声をかければ，子どもの負担感も軽減される。とはいえ，あくまでも参考例程度に考え，何を書くかという選択は，子ども自身の自主性に任せたい。

「いじめをしている君へ」新聞を作ろう！

書く内容を決めよう

１段目
●「いじめをしている君へ」というテーマで、今いじめをしてしまっている子に対し、愛のあるメッセージを送ろう。単純に批判や悪口に成り下がってしまわないように気をつけることがポイントよ♪君の一言で、いじめられている子が救われるのはもちろんですが、いじめている子の心も救ってあげてほしい！
２段目（以下を参考に選択してもよい）
○いじめについて考えるときポイントとなる心とその理由（友達の発表も参考にできるよ）
○意識面＝授業（中学校生活）を通して、自分が考えないといけないことや周りの人への考え方について、「変化」があったことや自分の「信念」を中心に
○行動面＝自分が具体的にできること（意識面ではなく行動面で）自分や周りの行動に視点を当てて
○いじめとは＝小中と６年間、学校という場所で過ごしてきて、いじめとは何だと、あなたは思いますか？
過去（こんなことがあった）・現在（こういう状況だ）・未来（こうなるといい、こうしたい）
３段目
「１-愛 いじめ追放宣言」いじめを絶対に許さないという気持ちを宣言し、今困っている仲間の心に寄り添ってあげよう。
例：友達がいじめられていた時、私は　△△△△△することを　宣言します。

図４　はがき新聞を書くためのワークシート

事前に見出しを考えさせる点もポイントで，思考の整理を行って取り組ませることで，実践しているプロジェクト全体を見直し，再構築する機会にもつながる。本実践では，３段目を定型として，事前にはがき新聞自体に印刷をして，「宣言書」という形をとっている。（臓器提供カードからヒントを得て）チェック欄，署名欄を設けた。「自分たちの

学級はいじめを絶対に許さない」,「自分たちの学級からいじめは必ず追放する」というメッセージを発信するためのはがき新聞としている。これを教室前や廊下などに貼り出すことで，自覚と責任を生み出すことにつながる。ここまでの全てを1時間で終えるのは困難であるので，はがき新聞に関しては，授業内で書き始めるところまではいき，残りは宿題や短学活を活用するとよい。

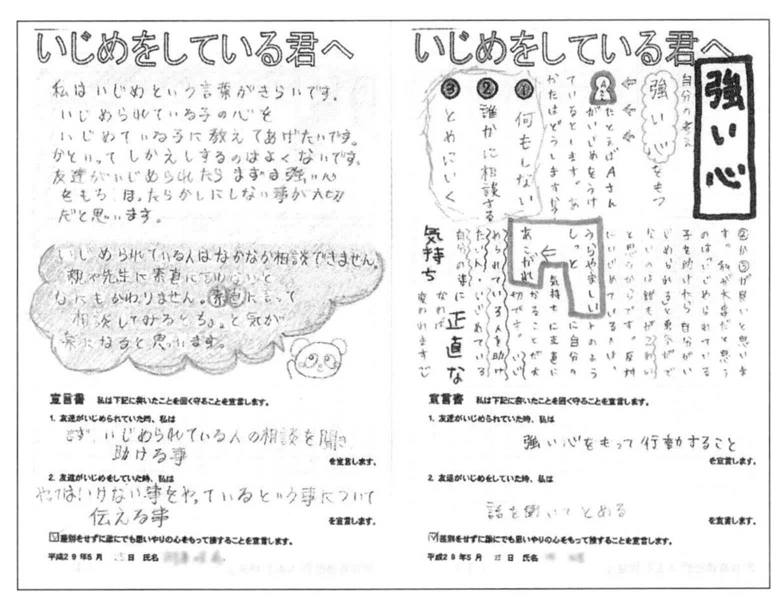

図5　いじめについて書いた「はがき新聞」

＊「はがき新聞」づくりを通して

課題に対しての情報を収集し，分析する力（情報活用能力）というのは，一朝一夕に身につく力ではない。しかし，はがき新聞づくりを通して，考えるという場を設定することで，試行錯誤しながらも，自分の力で対応策を考え，実行に移していけるようになる。

こういった学習活動を繰り返し行うためにも，はがき新聞づくりを，学習活動に取り入れて欲しい。

3 平等って何だろう？

内容項目：「公正，公平，社会正義」（C）
主題：「友だちの間に上下関係がなく，だれとでも平等に接するために必要な心とは」
教材：「平等とは」（イメージマップ）

1 授業のねらい

❶本実践のねらい

平等とは何か意見を交換し合うことを通して，自分と同様に他者も尊重し，だれに対しても分け隔てなく公平に接し続けようとする態度を育てる。

❷道徳的諸価値について理解させる工夫

友だちの考えを聞き，議論していくことで，価値理解ができるようにし，「真心カード」「心の関係図」を使うことで，人間理解や他者理解についても深めていかせる。

❸多面的・多角的に考えさせる工夫

「学級力アンケート」を活用することで，特別活動の集団生活の向上とも関連を図り，「話し合いマニュアル」に沿って，友だちと意見を共有し，議論することで，自分と違う立場や感じ方，考え方について理解させる。

❹自己の生き方についての考えを深めさせる工夫

自分たちが学級の中で具体的にどんなことができるかを幅広く考えさせ，望ましい学級の理想を掲げ，正義が通り，公平で公正な学級という社会の実現に積極的に努めていかせる。

『解説』「第３節　指導の配慮事項５　問題解決的な学習など多様な方法を取り入れた指導」には，多様な方法を活用して授業を構想することが大切で，「各教科等と同様に，問題解決的な学習や体験的な学習を有効に活用することが重要である。」とある。また，〔(1)道徳科における問題解決的な学習の工夫〕の中には,「その課題を自分との関わりや人間としての行き方との関わりで見つめたときに,自分にはどのようなよさがあるのか,どのような改善すべきことがあるのかなど,生徒一人一人が道徳上の課題に対する答えを導き出すことが大切である。」とある。そこで,ここでは特別活動のプロジェクト活動を支える道徳性を深くとらえて自己決定する学習を行っていく。

2 授業づくりのポイント

「学級力アンケート」で明らかになった学級の課題(友だちの間に上下関係がなく,だれとでも平等に接している学級)を解決し,学級力をより高めるにはどのような「心」が必要かをグループで主体的に考えて,「心の関係図」という作品に表現した。

抽象的なテーマなので,話が進まないのでは?といった心配もあるだろうが,個人的にはこのテーマが一番面白いと考えているので,ぜひ取り組んでみて欲しい。「中学生になると,自分の考え方や生き方を主体的に見つめ直し,人間としての生き方や在り方について考えを深め,自分自身の人生の課題や目標を見付けようとする傾向が強まる。」(『解説』)というのがまさにそうで,平等について考えることで,本音で語ることが可能になる。

そういう変えがたい差っていうものがあるじゃん。生まれつきの差とか。どんだけ頑張ったって身長で適わない人もいるし,勉強で適わない人もいる。そういう人全員が,同じ立場でものが言い合えるかといったら,それもそうじゃない。

これは,実際の話し合いの中での,ある生徒の発言である。中学生らしい本音が実によく表れている。こういった少々語りにくいようなことでも,安心して本音が出てくるのが,このテーマの魅力である。話し合いが深まるテーマでもあるので,通常の50分間の授業ではなく,カリキュラム・マネジメントを行い,時間の確保を行いたい(本実践は2時間続きの100分構成)。

3　使用するツール・アクティビティ

❶イメージマップ

〈６つの視点例〉
・友人関係における平等って？
・上下関係
・平等と公正／配慮の違いは？
・もし平等じゃないと…
・身の回りにある平等／不平等
・平等？　差別？　区別？

❷学級力アンケート

「達成力」，「対話力」，「安心力」などの６領域24項目（中学校版）からなる，学級の様子を診断するための子ども向けアンケート。これによって子どもたちは自分たちのクラスの実態をアセスメントし，それに基づいた学級改善の取り組みを始めることができるようになる。「特別活動等における多様な実践活動や体験活動も道徳科の授業に生かす」（『解説』）という点から，学級活動で取り組む「学級力向上プロジェクト」の中の，１つの道徳的な課題の解決のために，道徳科で取り扱う。

❸話し合いマニュアル

❹真心カード

価値項目への気づきと認識の深まりを保障している。ここでは，「平等」について考える際に，どういった「心」（道徳的価値）が必要なのか，自分の道徳的実践を行っていく際に，どういった心が必要なのか，ということを自己選択・自己決定させている。

❺心の関係図

❻ペイオフマトリクス（効果・実行しやすさマトリクス）

縦軸に「効果」を，横軸に「実行しやすさ」をマトリクス上に表示し，アイデアを整理する。ここでは，「学級力アンケート」の「平等」の項目（友だちの間に上下関係がなく，だれとでも平等に接している学級）の数値を上げるため，どういったことができるか，ということを考えさせている。（渡辺健介著『世界一やさしい問題解決の授業』ダイヤモンド社，2007年）

❼はがき新聞

自分の課題となる心を１つ選んで，道徳的実践につながるよう，具体的な行動まで落とし込ませる。個人と集団の両面から道徳力を考えさせる。保護者への取材を取り入れ，多様な考えに触れる機会を保障している。

4 指導計画

次	時間	主な学習活動	留意点等
1	宿題	平等とは何かをイメージマップでアイデアを整理させる。（宿題）	・一人ひとりの思いや願いを伝え合うことの大切さを意識させる。 ・家庭で保護者等にインタビューさせてくると，アイデアが広がる。
2	10分	意見の発表	・「話し合いマニュアル」に沿って進めていく。教師は，ハートの中にバランスよく書けているか，お互いの発表を傾聴できているか注意し，ファシリテーションしていく。
	30分	「心の関係図」づくり	・中央のハートに書かれた意見を心の面からとらえていく。 ・関連する「心」同士が近くに配置できるよう，のり付けは最後に行わせ，「真心カード」を操作させながら，関係性を考えさせる。

	10分	意見の追加	・他のグループを回り，どんな意見が出ているか見てきて，必要なら取り入れる。 ・時間に余裕があれば取り入れてみたい。
	10分	発表の準備	・「マトリクス」，「具体的な行動」まで考えさせ，発表のポイントを絞らせる。
	20分	発表	・時間が十分に確保してあるので，子どもに司会をやらせたい。
3	20分	「はがき新聞」づくり	・書くためのワークシートを利用し，書く視点を与える。

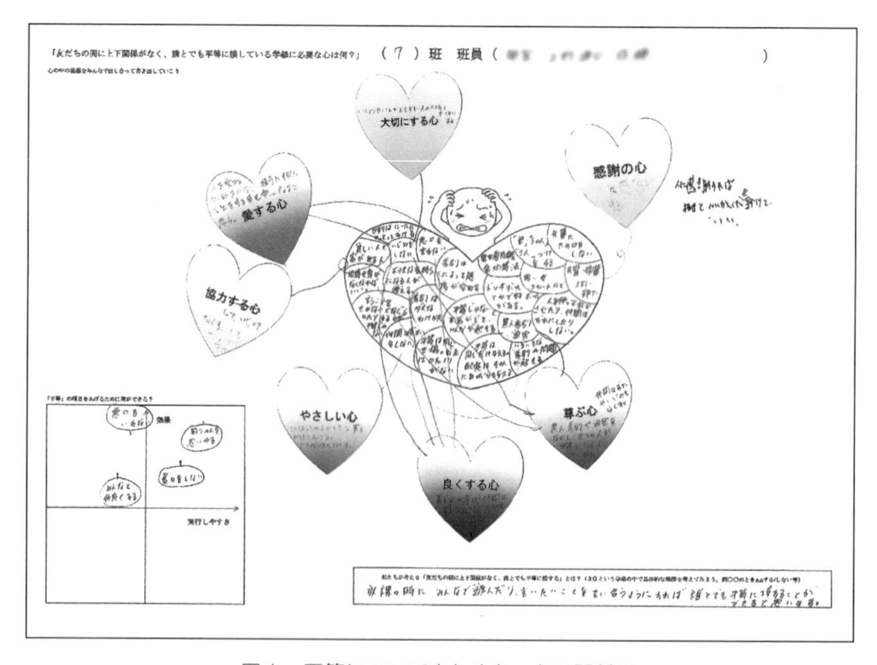

図１　平等についてまとめた　心の関係図

5　学習指導案（話し合いマニュアル）

◆話し合いの進め方◆司会進行マニュアル

0　役割を決める

司会者（　　　　　　　　）発表者（　　　　　　　　　）関係図に書き込む人（　　　　　　　）
スパイ①（　　　　　　　　）②（　　　　　　　　　）＊1人でもOK

1　意見の発表を行う（10分）

それではこれから各自がイメージマップで整理してきたことを発表してもらいます。発表する際，必ず少し説明を加えてください。ただし，一人で長々と解説することはやめてください。

そして守ってもらいたいルールがあります。「出された意見を批判しない」というルールです。「そうだよね…」「うん，うん」とうなずき，共感的な姿勢を見せてください。

意見の出し方について説明します。まず司会者の左どなりの人が1つだけ解説しながら，発表します。簡単な解説が終わったら，時計回りで次の人に移ります。同じような内容の意見があれば，「私も似た意見があります。」と言って，少しだけ解説を加えて，発表してください。なければ，「ありません。次の人お願いします。」と言って順に意見を出していきます。順番に話題を移しながら，全ての意見を出してしまいます。関係図に書き込む係の○○さんは，出された意見を中央のハートの中に書いていってください。

司会者の仕事
司会者は「意見の解説をもう少しくわしく教えてください」と発言をうながしたり，少し長く解説する人に注意をうながしたりすること。そして，みんなが前向きな意見を出し，話しやすいムードをつくることを心がける。

話し合いの目的は，ここにいるみなさんそれぞれの「平等」に対する考え方を共有するために行うことにあります。説明もなく意見を言っていくだけにならないよう，みなさんで気を付け合いましょう。それでは始めましょう。

2　心の関係図をつくる（30分）

中央のハートの中に書いた意見を，心の面からとらえます。その意見と関連が深い心や，その意見のために必要な心は何でしょう？　関連するもの同士を近くに配置し，中央のハート内の意見から線を引いて結び，関係図をつくります。もちろん理由も書き込んでいきましょう。ハートカードの中には，自分たちがイメージできるような具体的な場面を書くと分かりやすくなります。理由は線の上に，場面をハートカード内に書いて，心の関係図をつくりましょう。

3　意見の追加をし，発表のまとめを行う（10分）

それでは今からスパイタイムに入ります。スパイ役の人は今から各班の意見を盗んできてください。時間は5分です。そしてその後の5分間で私たちに報告してください。みんなが考えて，付け加えたい意見があれば追加しましょう。それでは…「スパイ○○，ヒミツを探って参れ！」「御意（ぎょい）」

4　発表の準備をする（10分）

班としてどの点に重点を置いて発表するか整理し，発表の練習を行う。発表内容を箇条書きするといいよ。

5　発表（20分）

クラスの仲間に自分たちの考えを伝える。
伝えるために必要な「声の大きさ」「スピード」「ゆっくり，はっきり」「熱意」「伝えようとする気持ち！」

6 授業展開例（本時）

道徳ワークショップにおける「心の関係図」づくりの部分は，前項をご参考願いたい。以下は相違点のみ取り上げることとする。

❶授業時間の確保

特別活動と道徳科のクロスカリキュラムという方法も考えられるが，ここでは，複数時間の関連を図った指導を取り入れ，１つの主題を２単位時間にわたって指導している。

> （５）複数時間の関連を図った指導を取り入れる
> 道徳科においては，一つの主題を１単位時間で取り扱うことが一般的であるが，内容によっては複数の時間の関連を図った指導の工夫などを計画的に位置付けて行うことも考えられる。例えば，一つの主題を２単位時間にわたって指導し，道徳的価値の理解に基づいて人間としての生き方についての学習を充実させる方法，重点的な指導を行う内容を複数の教材による指導と関連させて進める方法など，様々な方法が考えられる。
> （『解説』「第４章　指導計画の作成と内容の取扱い」より）

❷意見の追加（スパイタイム）

多様な考えに触れる機会の保障はもちろんだが，見に来た子どもと，見られる子どもの間に，質問や感想などを通してコミュニケーションが生まれる。また，後にある発表にもつながる，説明をするという機会を生み出すことにもなる。通常の１時間で関係図まで仕上げる場合だと，この時間を確保するのはなかなか難しいが，余裕があるときには，ぜひ取り組みたい。

❸学級力アンケート（学級力向上プロジェクト）

特別活動（学級活動）で取り組む「学級力向上プロジェクト」と，道徳科の親和性は高い。それは，学級力アンケートの項目が学級道徳といえるもので構成されているからだ。特に「真心カード」との相性は抜群で，子ども自身に，道徳的価値の可視化，操作化，言語化が行え，「心」（価値項目）の自己選択・自己決定を通して，内面的資質の育成にもつながる。

❹はがき新聞

協働によりグループで道徳的価値を選択させたものを，「はがき新聞」というツールを使うことで，個人による道徳的価値の自己選択・自己決定がなされるよう，工夫している。

また，道徳力に関しては，個人と集団の両面から考えることで，物事を広い視野から多面的・多角的に考え，人間としての生き方について考えを深めることにつながる。

また，可能なら保護者へのインタビューにも取り組んで欲しい。「道徳的な判断力，心情，実践意欲と態度を育てる」という意味でも効果的なはずである。

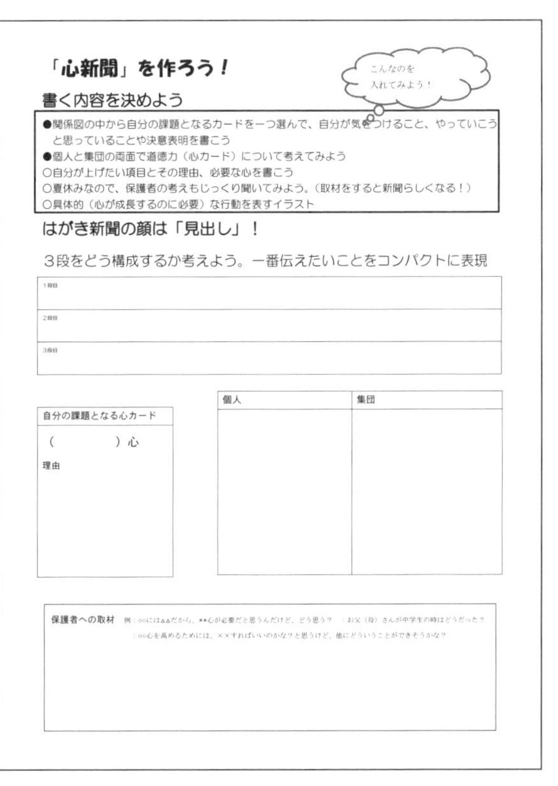
「心新聞」を作ろう！

こんなのを
入れてみよう！

書く内容を決めよう

●関係図の中から自分の課題となるカードを一つ選んで、自分が気をつけること、やっていこうと思っていることや決意表明を書こう
●個人と集団の両面で道徳力（心カード）について考えてみよう
○自分が上げたい項目とその理由、必要な心を書こう
○夏休みなので、保護者の考えもじっくり聞いてみよう。（取材をすると新聞らしくなる！）
○具体的（心が成長するのに必要）な行動を表すイラスト

はがき新聞の顔は「見出し」！

３段をどう構成するか考えよう。一番伝えたいことをコンパクトに表現

1段目

2段目

3段目

自分の課題となる心カード
（　　　　）心
理由

個人	集団

保護者への取材　例：○○には△△だから、××心が必要だと思うんだけど、どう思う？　：お父（母）さんが中学生の時はどうだった？
：○○心を高めるためには、××すればいいのかな？と思うけど、他にどういうことができそうかな？

図２　「はがき新聞」を書くためのワークシート

7　指導と評価

道徳科において問題解決的な学習を取り入れた場合には，その課題を自分との関わりや人間としての生き方との関わりで見つめたときに，自分にはどのようなよさがあるのか，どのような改善すべきことがあるのかなど，生徒一人一人が道徳上の課題に対する答えを導き出すことが大切

である。そのためにも，授業では自分の気持ちや考えを発表するだけでなく，時間を確保してじっくりと自己を見つめ直して書くことなども有効であり，指導方法の工夫は不可欠である。
（『解説』「第３節　指導の配慮事項５　問題解決的な学習など多様な方法を取り入れた指導」より）

こういった観点からも，「はがき新聞」のもつ役割というものは大きいのではないかと考えている。子どもの思いがつまったはがき新聞を教室掲示で共有することは必ずやりたいことの一つである。しかし，はがき新聞のコンパクトである特性を生かし，交流活動の場を設定したい。

ここで紹介するのは，級友が書いた「はがき新聞」の「はがき新聞」評を書き，それを班員に伝えることで，交流をはかる活動である。

	活動内容	時間
1	概要，工夫している点，成長した心の３点を考えさせて，プリントに記入させる。	15分
2	書いた本人にインタビューする。	５分
3	グループで自分が書いた他人のはがき新聞評を発表する。	10分
4	話し合って，「グループからのコメント」を書いていく。	10分
5	書いた本人に戻し，感想を書かせる。	５分

４人１組の班を編制し，完成作品をランダムに配付し（他人の新聞を１人１枚手にする），クリップ留めさせる（自分，自分の班員以外の作品）。

ランダムに配付された級友が書いたはがき新聞について，「概要」「工夫している点」「成長した心」と作者にインタビューしてみたい点を考えさせ，前ページのようなワークシートに記入させる。ここまでをひと区切りとし，一斉にインタビューに移らせる。

それぞれが書いたはがき新聞評を「話し合いマニュアル」に沿って班員に伝えていく（ここでは，はがき新聞はクリップからはずし，班員に見せながら説明）。

「グループからのコメント」を書いて作者に戻してやり，感想を書かせる。ここで，励ましや応援などの級友が自分のことを気にしてくれていることに気づき，「書いてよかった」を実感できることで，自尊感情の高まりや，学級内の人間関係づくりにつながる。

また，学級内の人間関係づくりという点では，１年間を通して真心カードを使い，心の関係図等で整理させたり，自分の成長と真心カードにある価値項目を結びつける中で，「価値項目の可視化・操作化・内面化」を行ってきたなら，最後にこの実践をやってみたい。いわゆる「良いとこみつけ」の実践で，級友の良いところをただ書いていくのではなく，ともに同じ教室で過ごしてきて，１年間でどんな心が成長したか，という点で書いていくものである。

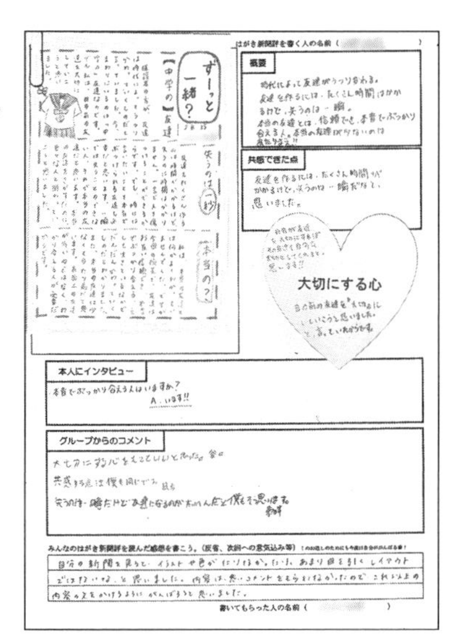
はがき新聞評を書く人の名前（　　）

概要
時代によって友達がうつりかわる。
友達を作るには，たくさん時間はかかるけど，失うのは一瞬。
本当の友達とは，信頼でき，本音でぶつかり合える人。

共感できた点
友達を作るには，たくさん時間がかかるけど，失うのは一瞬だなと，思いました。

大切にする心
自分の友達を大切にしていこうと思いました。

本人にインタビュー
本音でぶつかり合える人はいますか？
A．います!!

グループからのコメント

みんなのはがき新聞評を読んだ感想を書こう。（反省，次回への意気込み等）
自分の新聞を見て，イラストや色が たりなかった。あまり目を引くレイアウトではないな，と思いました。内容は，良いコメントをもらえなかったので，これ以上の内容の文をかけるように がんばろうと思いました。

書いてもらった人の名前（　　）

図３　はがき新聞発表会評価用紙

図４　良いとこ見つけ　真心カード

〈注意点〉
・必ず全員に書いてもらえるようにする。
・真心カードを選択し，ハートの中にその理由を書いていく。
・２人目以降は，同じ真心カードなら，さらに書き足していく。

こういった学級内の人間関係づくりは，「多様な価値観の存在を認識しつつ，自ら感じ，考え，他者と対話し協働しながら，よりよい方向を目指す資質・能力」の育成へと向かう一歩へとなるのではないだろうか。

4 自分のモラルチェックをしよう

内容項目：「よりよく生きる喜び」（D）
主題：「自分のモラルチェックを行い，よりよく生きる喜びを見つけよう」
教材：「道徳力レーダーチャート」

1 授業のねらい

❶本実践のねらい

「道徳力アンケート」を使ってモラルチェックを行い，自分の課題を発表したり，友だちの課題を聞いたりすることで，誇りある生き方に近づけるということに目を向けようとする実践意欲と態度を育てる。

❷道徳的諸価値について理解させる工夫

自己の弱さや醜さに向き合わせ，「よりよく生きたい」という人間として生きる喜び，自己の強さ，気高さに気づかせる。

❸多面的・多角的に考えさせる工夫

自分の道徳的成長を「自分の生き方」「人との関係」の両面から考えさせ，話し合いをさせることで，子どもの多様な感じ方や考え方を引き出させる。

❹自己の生き方についての考えを深めさせる工夫

自分の道徳的成長について振り返ったり，友だちから自分の成長を認めてもらったりし，これからの自分の道徳的成長に必要な心を選択し，自己宣言させることで，人間として生きることに喜びを見いださせる。

『解説』「第３節　指導の配慮事項３　生徒が主体的に道徳性を育むための指導」の〔(1)自らの成長を実感したり，課題や目標を見付けたりする工夫〕には，「理解した道徳的価値から自分の生活を振り返り，自らの成長を実感したり，これからの目標を見付けたりできるようにすることが望まれる。」とある。ここで紹介する「道徳力成長シート」は「道徳力アンケート」の結果のレーダーチャートをもとに，一人ひとりが自己診断・評価・改善を記録していく活動である。ワークシート，話し合いマニュアルがあるので簡単に取り組むことができる点もポイントである。

2 授業づくりのポイント

個人の道徳的成長を，学級の仲間の力も借り，グループで協働制作していくところがポイントである。「つながっていたい」「認められたい」という今の子どもたちの特徴を生かし，自分の道徳的成長を目に見える形で返してやり，今後への意欲や，学級内の人間関係まで高めていく。そのためにも，お互いの道徳的成長を認め合い，「真心カード」に成長を書いてあげ，贈り合う活動を取り入れている。

話し合いマニュアルに沿って進めていくので，担任はファシリテーターに徹し，必要な支援を必要な分だけ行っていけばよいので，経験が浅い先生も負担なく取り組めるだろう。こういった活動を繰り返すことで，生徒は話し合い活動の型を覚え，やがて「型」からはずれて自由に意見や感想が飛び交い，本当の意味の「話し合い」へと発展していくものなので，生徒の成長を願いながら，焦らずじっくり育っていくのを待って欲しい。そして，少しずつ育っていく生徒の姿から力をもらい，若い先生はご自分の「教師としての成長」も同時に実感していって欲しい。

図1　道徳的成長を説明している様子

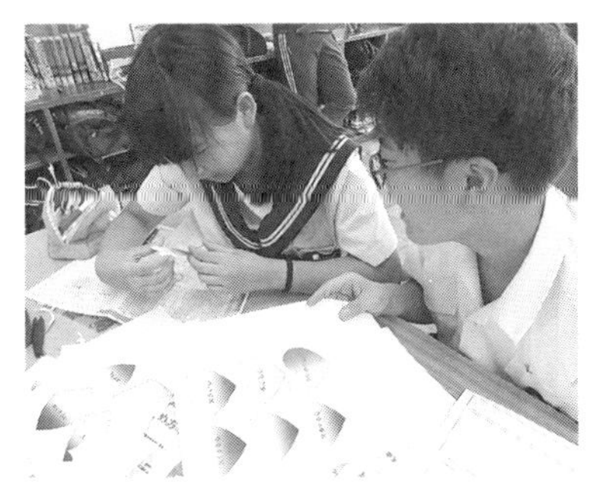

図2　真心カードを見合っている様子

3 使用するツール・アクティビティ

❶道徳力アンケート

ビフォー・アフターで比較できるよう，ある程度期間をあけて２回とることを基本としたい。話し合いから発表までを１時間の授業におさめようと思ったら，道徳力アンケートの結果は事前に渡し，「自分の成長・課題」は宿題としてやらせておくとよい。

❷道徳力成長シート

アンケート結果の分析を行う際には，教師が適切な視点を示してやることが一番大切である。今回は，自分の道徳的成長を「自分の生き方に関わること」「人との関係に関わること」の両面から考えさせた。

この２つの視点は少し難しいかな？と思われるだろうが，中学校１年生の子どもたちでさえ自分の「道徳力アンケート」の結果からこれら２つの視点を通して，自分の成長・課題を書くことができた。

道徳力は，集団と個人の両面で考えることで，より具体的にイメージでき，生徒にとって生きて役立つ力となると考える。

❸真心カード

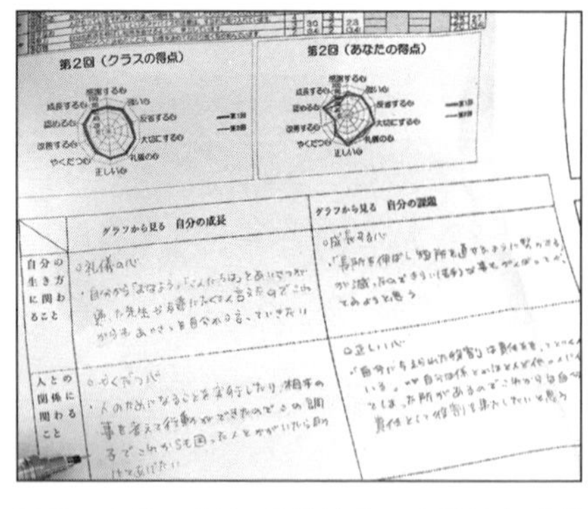

図３　自分の成長・課題を書いた道徳力成長シート

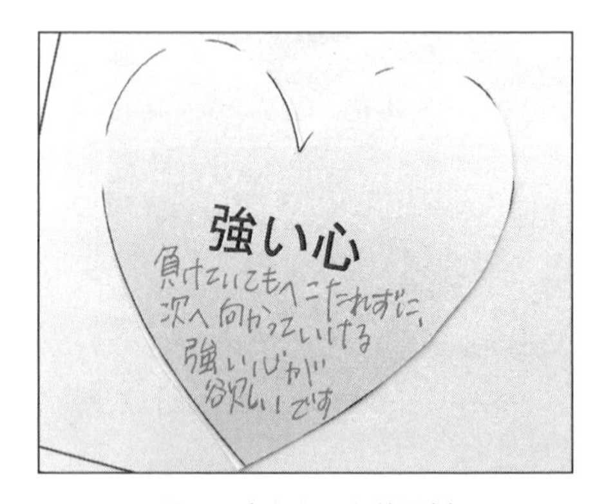

図４　真心カード使用例

4 指導計画

次	時間	主な学習活動	留意点等
1	10分	(比較できるよう) 道徳力アンケートを２回分とる。	・年度(学期)初めに，とりあえず1回とっておくよい。 ・２回目は授業を行う直前にとる。その間の道徳の授業を子どもが内容を自覚できるようにしておきたい。
	宿題	事前分析を行わせる。	・ワークシート「道徳力成長シート」に書き込む形で行う。宿題として行い，可能なら保護者に見てもらうのもよい。
2	５分	自分の成長・課題を発表する。	・「話し合いマニュアル」に沿って進めていく。担任はお互いの発表を傾聴できているか注意し，ファシリテーションしていく。
	15分	友だちの心の成長を認め合う。	・「真心カード」はグループの人数分用意しておくと安心。４人なら３枚(18の心) ×４人分＝Ａ４で12枚。 ・「他の子とはなるべく違う視点で，成長を見つけてあげよう。」と声をかけると，種類の重なりがなくなる。
	15分	これからの自分の成長に必要な心を決定する。	・余白に理由を書かせる。
	10分	私の宣言を書く。	・自分の今後の成長に目を向けさせるため，行事などの学校生活のスケジュールを伝える。
	５分	発表	・机間指導を行い，事前に抽出し，数名選んで発表させる。

＋１時間　道徳はがき新聞をつくる。

5 学習指導案（話し合いマニュアル）

◆話し合いの進め方◆

1　話し合いの目的を確認する

司会者「では，話し合いを始めます。課題は【1学期の心の成長を考える】です。」
＊（　）内の時間は目安の時間，早く終われば次に進んでいく。

2　自分の成長・課題を発表する（5分）

司会者「まず，自分のグラフを見て気づいた成長を，グラフをみんなに見せて，説明しながら発表してください。自分の生き方に関わる部分と人との関係に関わる部分の両面から発表してください。」
「では，まず（　　　）さんから，どうぞ。」
発表者「私（僕）のグラフから見る自分の成長は○○です…」
⋮　＊一人ずつ発表していく。
司会者「次に自分のグラフを見て気づいた課題を，……」

3　友だちの心の成長を認め合う（15分）

司会者「それでは1学期間，同じ教室で生活してきたからこそわかるそれぞれのステキな心を見つけ，発表していきましょう。まずは（　　　）さんについてです。」
例：「○○君は××していたから，△△の心が育ったんじゃない？」
「いや，○○君は××していたこともあったから，▲▲の心の方が育ったんじゃないかな～？」

＊一人につき最低3（4）つ見つけ，ハートカードの中に理由を書いてあげてプレゼントしてあげよう。

4　これからの自分に必要な心を決めよう（15分）

司会者「この授業を通して，自分の道徳的成長について，グラフを分析したり，反省したりし，その結果を発表し，友だちから愛あるアドバイスをもらいました。これらをふまえ，これからの自分に必要な心は何ですか？　18個の心カードの中から1つ選んで貼り，その理由を右側のスペースに書きましょう。」

5　私の宣言（10分）

全員が書き終わったら発表し，一人ずつ感想やアドバイスをもらう。

最後の「私の宣言」のところに，上であげたこれからの自分に必要な心を手に入れていくために，具体的にどういう行動をしていくかを書きましょう。

6　発表

6　授業展開例（本時）

❶友だちの心の成長を認め合う

図５　真心カードを贈っている様子

ここは，「真心カード」があることで，道徳的価値の可視化が行えることのよさを最大限に生かせる。漠然と友だちのよさを伝えるのではなく，生徒たち自身に18種類の「真心カード」の道徳的価値が共通指標となり，より具体的にお互いの成長を語り合い，認め合う活動へとなる。「同じ教室で生活してきたからこそわかるそれぞれのステキな心を見つけよう。」という投げかけは，学級という小さな社会で担任として子ども同士の横糸を紡いでやるという意味でも学級経営上とても大切なことであるように思う。

❷これからの自分の成長に必要な心を決定する

ここでのポイントは，道徳的価値の主体的選択と意思決定にある。２回のアンケートのビフォー・アフターで，自分の道徳的成長を考えることになるが，期間を区切って限定し，真心カードにより道徳的価値を可視化させることで，生徒にとってより具体的にイメージできるようになる。そこにさらに，自分だけでは気がつきにくいような成長も，ともに過ごしてきた友だちの視点が加わることで新たな気づきへとつながる。さまざまな（自分の道徳的成長という）視点を与えられ，それらを参考に今後の自分に必要な道徳的成長は何かを選択させ，具体的な行動へとつなげていくために，「必要な心」を

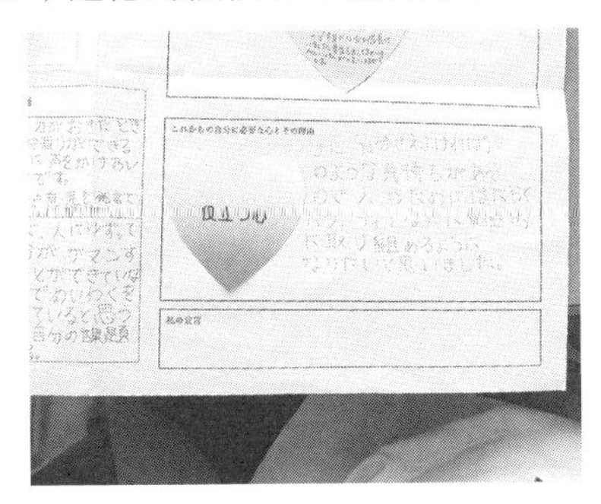
図６　自分に必要な心を選択し，理由を書いている

選択させる。選んだ理由は，ハート内ではなく，余白にスペースが十分にとってあるので，しっかりと書かせたい。

❸私の宣言

これからの自分に必要な心を手に入れていくために，具体的にどういう行動をとる必要があるかを考えさせ，宣言させる。学習指導要領の「改訂のポイント」にある「道徳教育の充実」では，「道徳的価値を自分事として理解し，多面的・多角的に深く考えたり，議論したりする道徳教育の充実」とある。道徳的価値を自分事として理解し，深く考えるためには，自己の道徳的成長をモニタリングさせ，R-PDCA サイクルを回していくことが効果的だと考える。

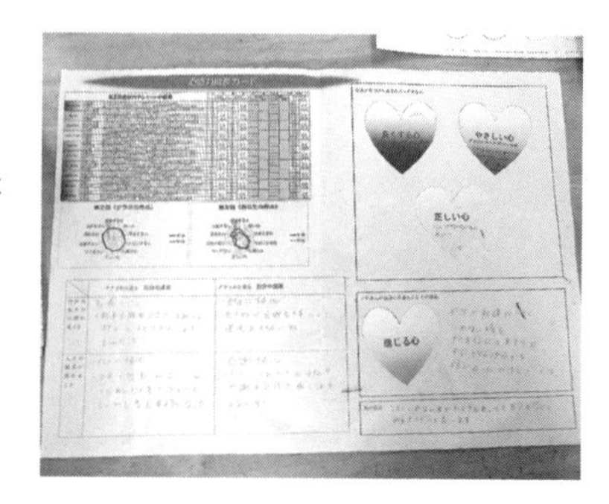

図7 「私の宣言」を書き終えた道徳力成長カード

❹発表

書画カメラ，プロジェクター等を使って，「道徳力成長シート」がどう完成したかを発表させる。1時間で行う場合，２，３名程度の時間しかとれないことが予想されるので，短学活や学級通信を使って補いたい。さらに時間がとれるようなら，この内容をもとに，「はがき新聞」にまとめさせ，「はがき新聞発表会」まで行い，一人ひとりの「宣言」が認められ，応援されるような学級の基盤をつくりたい。

図8 発表会の様子

7 指導と評価

この実践は学期の終わりに行い，その間の道徳の授業で使用したワークシートや作成した作品を「道徳ポートフォリオ」としてファイル等に綴じさせ，その中心の活動として位置づけたい。それを長期休業等に家庭に持ち帰らせ，見てもらい，可能ならコメントをもらえるようにしたい。

こういった家庭との連携でいえば，『解説』「第３節　指導の配慮事項７　家庭や地域社会との連携による指導」の冒頭にも以下のように触れられている。

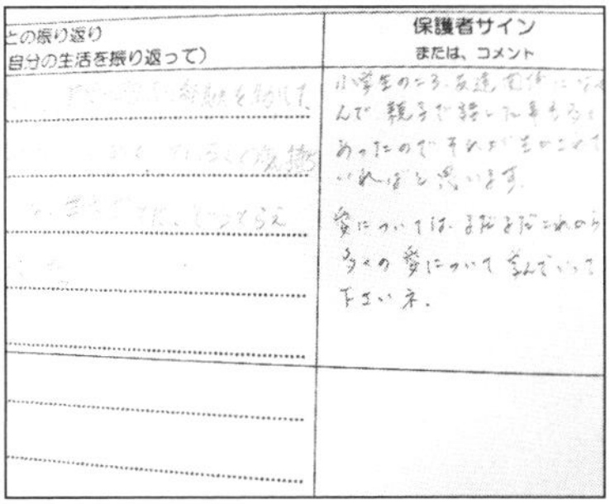

図９　保護者に書いてもらったコメント

（「第３章　特別の教科道徳」の「第３　指導計画の作成と内容の取扱い」の２）
（７）道徳科の授業を公開したり，授業の実施や地域教材の開発や活用などに家庭や地域の人々，各分野の専門家等の積極的な参加や協力を得たりするなど，家庭や地域社会との共通理解を深め，相互の連携を図ること。

このことは「社会に開かれた教育課程」という学習指導要領改訂の方向性にも関わってくる部分でもあるので，特に意識したい。しかし，いきなり大きなことを始めるよりも，〔（２）道徳科の授業への積極的な参加や協力を得る工夫　ア　授業の実施への保護者の協力を得る〕にあるように，授業前のアンケートや手紙等の協力を得たり，保護者会などを通して教材提供の依頼を行い，ともに授業をつくっていくことで協力体制を活性化したりするところから始めると，取り組みやすい。以下に取組例を紹介しておく。

＊入学式や授業参観で保護者が来校した際に

この１年間で子どもたちに育って欲しい心とその理由を書いてもらい，「親の思いを背中に背負って過ごす」というメッセージとともに教室背面に常設掲示する。保護者会などで，来校するたびに，追加で記入してもらったり，学級通信等で協力をお願いしたりしても面白い。

＊保護者の意見や感想を聞いてくる

図11のように，４人の人（大人２人，同年齢１人，異年齢１人）にインタビューしてくるという宿題をやらせることで，「保護者の協力を得る」という目的や，「ともに授業をつくっていく」ことにつながる。インタビューの仕方や，質問の視点も与えておくと，宿題にしてもうまくいく。その他の注意点として，週末をはさむなど回答までの時間的余裕をもたせることと，「父」「母」「兄弟」のように限定しないでおくことである。

さらに，『解説』「７　家庭や地域社会との連携による指導」〔（１）道徳科の授業公開をする〕には，「保護者が授業参観時に一緒に授業に参加し発言をしながら生徒と意見交換をしたり，生き方について考えたりすることは，より一層の道徳教育の理解につながる。」とある。そこで，授業参観で行えるアイデアを紹介したい。

「３　お家の人にインタビューする」（図12）のように，話し合いマニュアルに，保護者にインタビューし，意見を聞く場面を設定し，あらかじめ入れておけば，簡単に行える。担任の仕事は，各グループへの保護者の誘導くらいで，あとは自動的に進んでいく。図12の実践は，「愛って何だろう？」というテーマで「心の関係図」をつくった際のものである。インタビューの話型も入れておけば，子どもの力で進めていくことができる。

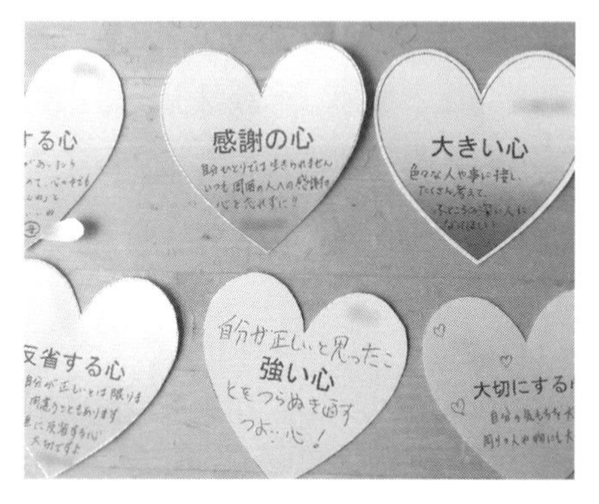

図10　入学式で書いてもらった真心カードの掲示の様子

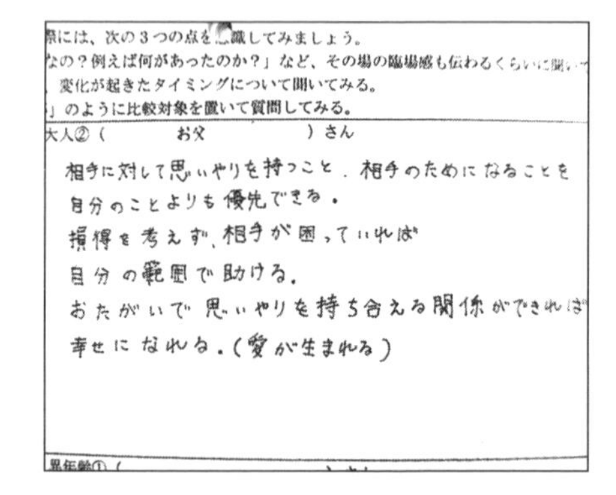

際には、次の３つの点を意識してみましょう。
なの？例えば何があったのか？」など、その場の臨場感も伝わるくらいに聞いて
、変化が起きたタイミングについて聞いてみる。
」のように比較対象を置いて質問してみる。

大人②（　　お父　　）さん

相手に対して思いやりを持つこと．相手のためになることを
自分のことよりも優先できる．
損得を考えず，相手が困っていれば
自分の範囲で助ける．
おたがいで思いやりを持ち合える関係ができれば
幸せになれる．（愛が生まれる）

異年齢①（

図11　「愛とは何か」について保護者にインタビューした例

2　心の関係図をつくる。（15分）

中央のハートの中に書いた意見を，心の面からとらえます。その意見と関連が深い心や，その意見のために必要な心は何でしょう？　関連するもの同士を近くに配置し，中央のハート内の意見から線を引いて結び，関係図をつくります。もちろん理由も書き込んでいきましょう。ハートカードの中には，自分たちがイメージできるような具体的な場面を書くとわかりやすくなります。理由は線の上に，場面をハートカード内に書いて，心の関係図をつくりましょう。時間は15分です。

3　お家の人にインタビューをする。（10分）

司会者「保護者の方に心の関係図を発表し，保護者の方の考える『愛』について話を聞いてみましょう。聞いたことは，関係図の中に書き込み，整理していきましょう。」

インアタビュアー「こんにちは，〇〇といいます。少しインタビューさせてください。よろしくお願いします。」
「私（僕）たちの班が『愛』について心の関係図を整理したところ，愛について考えるとき，〇〇や△△のような心が関係しているとまとめました。理由は…だからです。他にも…××の心も関係していて，理由は…だからです。」
「何かご質問やご感想はありませんか？」（少し待つ…）「それでは，●●さんの考える『愛』についてご意見をお聞かせ下さい。また，親としてあるいは，大人として，『愛』について私たちの考えが深まるような具体的なエピソードをご紹介いただけると助かります。」
→（言ってもらったら）「ありがとうございました。」

4　発表の準備をする。（５分）

保護者の方のお話を付け加え，班としてどの点に重点を置いて発表するか整理し，発表の練習を行う。

図12　保護者へのインタビューを含んだ話し合いマニュアル

通常の読み物教材を使わずに，子どもの日常生活の経験や情報をもとに行っていく道徳ワークショップにおいての課題は，子どもの実体験の不足を補うことによる深い思考の保障を行うことにあるのかもしれない。そういった意味では，ワークショップ形式で対話が進むため，参加しやすく，親子で多様な考えを聞きながら，自分たちの考えを作品として完成できる面白さを感じることができる。こういった取組も積極的に取り入れていきたい。

最後に道徳ワークショップの魅力を，授業を行う教師の面からお伝えしたい。ひとことで言うと，「こちらの予想を超える子どもの姿」にある。「心の関係図」，「はがき新聞」は個性的・創造的な作品が生み出され，いつも驚かされる。また，思春期真っ只中にもかかわらず，本音で語り合い，協働により問題解決を図ろうとする姿には，本当に感動するし，これからの社会を生きるために必要な資質・能力が育っていっていると実感できる。多忙な毎日を乗り切るコツは，教師自身が子どもの成長を楽しむこと，授業をしていて「面白い！」と感じられることにあるのではないだろうか。

あとがき

本書の理論と実践を通して，新しい道徳科で行う道徳ワークショップのあり方がご理解いただけただろうか。そこで活用すると道徳科の目標がよりよく達成できるように，多様な道徳ツールと道徳アクティビティ，そして道徳ポートフォリオを新たに開発して授業にかけ，その成果を検証しながら具体的な授業づくりに生かせるように提案することを心がけた。

ただし，これまでの慣例として実施されてきた道徳教育のあり方とは大きく異なっていることが，これまで道徳教育を長く実践している学級担任の先生方に広く受け入れていただけるかどうか，著者３名は期待と不安が入り交じった心境である。

例えば，日常の具体的な道徳的実践と道徳科の授業内容を関連づけていることに始まり，道徳的目標を宣言させたり，単元を構想して複数の内容項目を同時に扱ったり，内容項目を真心カードで可視化したり，読み物教材を使わなかったり，また道徳力アンケートとはがき新聞で子どもたちの道徳的成長のポートフォリオを蓄積したりといった，道徳ワークショップの新しい提案は，これまでの道徳教育の慣例とは全く異なる実践原則ばかりだからである。

しかし，道徳科の新学習指導要領の規定をしっかりと読めば読むほど，私たち３名が本書で提案している道徳ワークショップこそが道徳科の規定に沿っていて，「主体的・対話的で深い学び」の視点を生かした授業改善，つまりアクティブ・ラーニングとしての道徳科教育になるのだという確信が芽生えていることも事実である。読者の皆様の真摯なご批正とご提案をいただければ幸いである。

ただし，問題提起の書であることから，道徳ワークショップの実践事例がまだまだ少ないことは認めざるをえない。そこで必要となる道徳ツールも道徳アクティビティも，道徳科の教科書との整合性も考えながら，さらに開発していきたいと決意を新たにしているところである。

また，道徳ワークショップは必ずしも読み物教材の活用を否定しているわけではない。教科書の優れた読み物教材を活用して，学びの手法として道徳ワークショップを行うことがいかに可能であるかについては，2018年度に小学校において新教科書が使用され始めてから，新たな開発研究のテーマとして取り上げていきたいと考えている。

現在でも，読み物教材を使いながら対話活動や表現活動を多用して，アクティブ・ラーニングの視点を生かした道徳教育の理論と実践を提案した論文や書物がいくつか存在している。そうした動きに学びながらも，道徳ワークショップが新しくオリジナルな学びの手法として提案していることは，道徳ツールとしての真心カードとはがき新聞，そして道徳ポートフォリオの活用である。

そして，読み物教材を活用した道徳ワークショップにおいては，新たに「道徳キューブを用いた道徳的判断力と心情の深化をうながす授業づくり」をテーマに研究を深めていくことを計画している。数年後に再びその成果を世に問うことができればと願っている。

こうしたオリジナルな開発研究を通して，これからも道徳科の学習指導要領に準拠した道徳科教育のあり方を提案していきたい。

最後に，本書のような革新的な書物の出版をお認めいただいた明治図書出版の木山麻衣子編集部長に，改めて感謝を申し上げたい。また，新しい道徳教育の理論的枠組みに共感していただき，具体的で子どもたちのニーズにフィットした楽しい授業づくりに熱意をもって邁進していただいたお２人の実践者の先生方，梅澤泉先生と彦田泰輔先生にも改めて謝意を表したい。

平成30年度から，戦後初めてともいえる道徳教育の大革新が始まる。これまでの慣習を大切にしながらも，新しい実践のあり方を本書から学んでいただき，21世紀に生きる子どもたちの道徳力の向上のために，歴史的一歩を踏み出していただけるよう，読者の皆様にご期待申し上げ，筆を置くことにしたい。

平成30年２月

田中博之

【著者紹介】

田中　博之（たなか　ひろゆき）

早稲田大学教職大学院教授。専門は，教育工学および教育方法学。1960年北九州市生まれ。大阪大学人間科学部助手，大阪教育大学助教授，教授を経て，2009年４月より現職。文部科学省「全国的な学力調査に関する専門家会議」委員（2007年～）著書は，『アクティブ・ラーニングが絶対成功する！小・中学校の家庭学習アイデアブック』明治図書出版，2017年（編著），『フィンランド・メソッドの学力革命』明治図書出版，2008年（単著），『学級力向上プロジェクト３』金子書房，2016年（編著），『アクティブ・ラーニング「深い学び」実践の手引き』教育開発研究所，2017年（単著），『アクティブ・ラーニングの学習評価』学陽書房，2017年（単著），他多数。

＊第１章，第２章執筆

梅澤　泉（うめざわ　いずみ）

東京都新宿区立落合第二小学校教諭。東京都港区生まれ。早稲田大学教職大学院修了。著書は田中博之編著『小・中学校の家庭学習アイデアブック』明治図書出版，2017年（共著）など。

＊第３章執筆，章扉イラスト

彦田　泰輔（ひこだ　たいすけ）

愛知県尾張旭市立旭中学校教諭。1976年広島県福山市生まれ。名古屋外国語大学卒業。著書は田中博之編著『小・中学校の家庭学習アイデアブック』明治図書出版，2017年（共著）など。

＊第４章執筆

道徳科授業サポートBOOKS

道徳ツールとアクティビティでできる
「考え，議論する」道徳ワークショップ

2018年３月初版第１刷刊 ©著　者　田中博之・梅澤　泉・彦田泰輔

発行者　藤　原　光　政

発行所　明治図書出版株式会社

http://www.meijitosho.co.jp

（企画）木山麻衣子（校正）㈱東図企画

〒114-0023　東京都北区滝野川7-46-1

振替00160-5-151318　電話03(5907)6702

ご注文窓口　電話03(5907)6668

＊検印省略　組版所　株　式　会　社　カ　シ　ヨ

Printed in Japan　ISBN978-4-18-204722-0